山川出版社

復元CG日本の城

高取城本丸 CG 復元（制作／奈良産業大学〈現・奈良学園大学〉）

復元CG日本の城　目次

CG復元に見る城の原風景　三浦正幸　4
萩　城（山口県）10
高松城（香川県）18
福岡城（福岡県）26
津山城（岡山県）30
高取城（奈良県）42
彦根城（滋賀県）50
篠山城（兵庫県）58
大和郡山城（奈良県）62
江戸城（東京都）66
名古屋城（愛知県）78
会津若松城（福島県）86

金沢城（石川県）92
小田原城（神奈川県）98
竹田城（兵庫県）102
岡山城（岡山県）110
姫路城（兵庫県）118
大坂城（大阪府）126
広島城（広島県）134
岡城（大分県）142
福井城（福井県）148
岩村城（岐阜県）154
高田城（新潟県）158
米子城（鳥取県）162
肥前名護屋城（佐賀県）166
佐倉城（千葉県）168
府内城（大分県）170

竹田城鳥瞰 CG 復元（制作／成瀬京司）

CG復元に見る城の原風景

三浦正幸
広島大学名誉教授

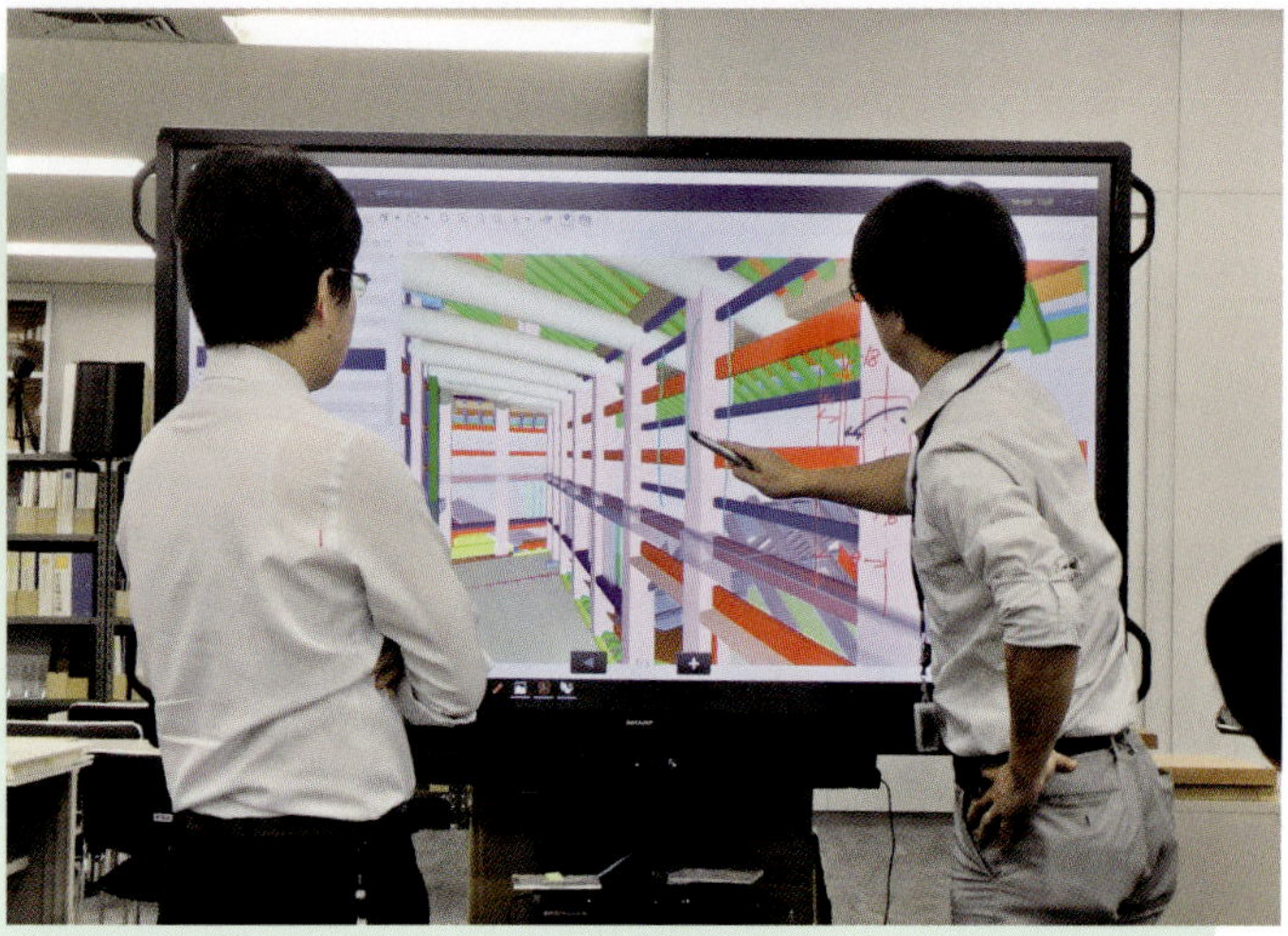

BIMによる検討作業（制作・提供／竹中工務店）
BIMツールでコンピューター上に作成した3次元の建物のデジタルモデルを検討。

近世城郭と中世城郭

本書には、近世すなわち桃山時代から江戸時代にかけて築かれた近世城郭を収録する。広い水堀、高い石垣、天守をはじめ多くの櫓や城門、広大な城内の御殿、侍と町人たちが住まいを構えた城下町といった、多くの方が思い浮かべる日本の城の印象はすべて近世城郭の特色である。本書に掲載したCG画像では、往時の近世城郭の荘厳で秀麗な姿が現代の写真を見ているかのように再現されている。

そうした近世城郭の形態は、織田信長が創始し、豊臣秀吉によって全国に普及し、徳川政権の支配下で確立していった。そして、江戸時代に幕府が直轄した江戸城・大坂（大阪）城・駿府城・二条城などのほかは、大名とその家臣たちが居住し、領地を治める拠点だった、居城と呼ばれる城であった。大名の改易や転封などによって多少の変動があったが、江戸時代には約二〇〇の近世城郭が存在した。竹田城（兵庫県）や肥前名護屋城（佐賀県）のように江戸時代の初めまでに廃城となったものを加えると約四〇〇城である。

ところで日本には、歴史上で四万から五万もの城があったとされる。その大部分を占めるのは、近世城郭ではなく、鎌倉時代末期から室町時代末期に至るまでの中世城郭だった。その城主の大半は、小さな所領を治めた在地領主たちで、城数が多いのは、領主の数の多さを反映しており、それに反比例して各城郭の規模は小さく、構造

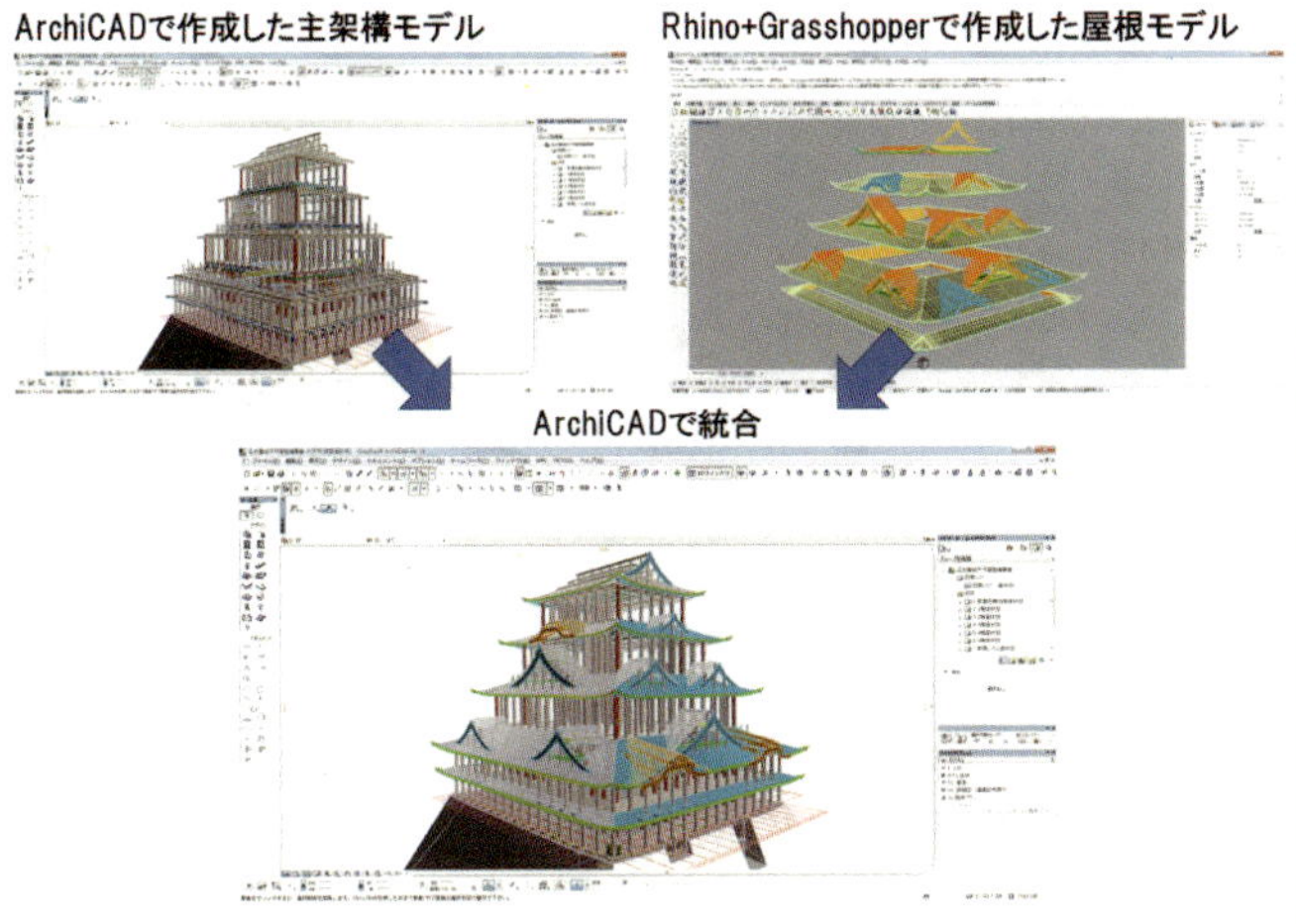

主架構モデルと屋根モデルを統合した作業図（制作・提供／竹中工務店）

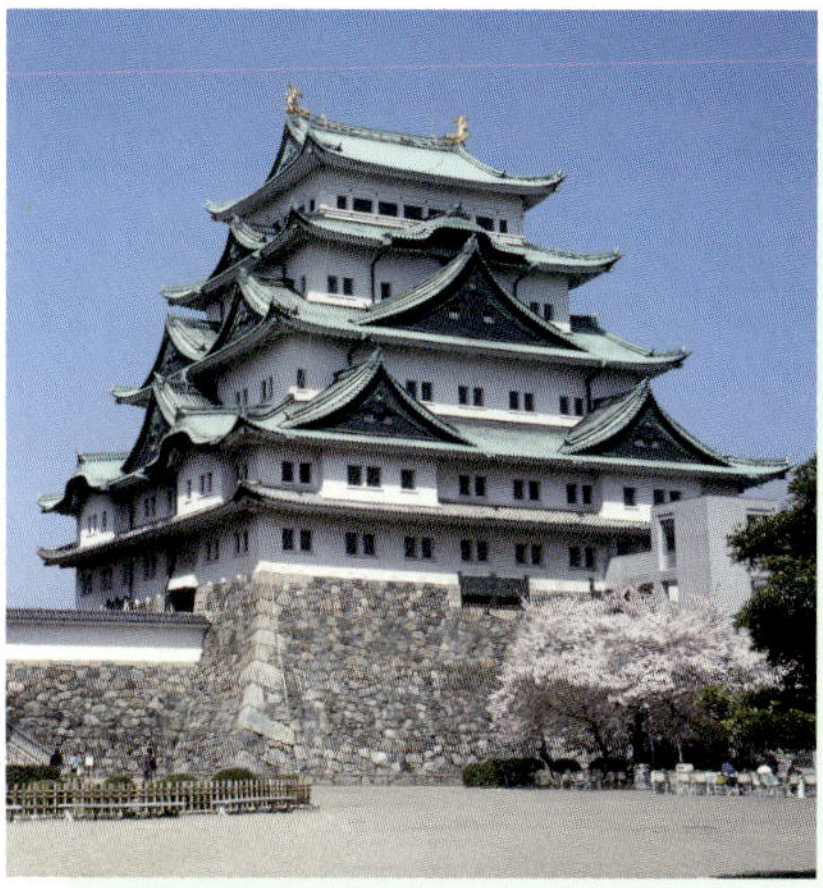

名古屋城現況（撮影／松井　久）

物も粗末だった。

中世城郭の多くは、築城の経費や労力が少なく、短期間で工事が完了できるように、要害という天然の険阻な地形を利用するのが専らだった。その結果、急斜面や谷の防御性能を期待して山の頂部に築かれた山城が圧倒的多数を占めた。中世の山城には、広い水堀や高い石垣はなく、もちろん天守や立派な城内御殿もなく、城下町は未発達だった。その形態は近世城郭とは全く相違するもので、多くの人には城とは思えないものだった。

日本の城の歴史

ここで、飛鳥時代末期に始まり明治時代初期に終わった、日本の城の歴史を概観しておきたい。

弥生時代の吉野ヶ里遺跡（佐賀県）のような環濠集落、記紀に登場する「城」や「稲城」といった城に類するものもあったが、本格的な日本の城の歴史は、天智天皇二年（六六三）の白村江の戦いにおける敗戦から始まった。日本が味方した百済が新羅・唐の軍に敗れて滅亡し、続いて新羅と唐が日本を侵略する危機意識により、百済の遺民の技術に基づいて北九州から瀬戸内にかけて朝鮮式山城が築かれた。山の尾根上に続く長大な土塁で囲まれた広大な城で、谷川の出口となる水門や城門などには精巧な石垣が築かれた。国際的緊張関係を背景とした国家的築城だった。神籠石と呼ばれる古代城郭跡も同形式の城である。幸いなことに実戦に供されることなく、平安時代までには廃城になった。

それと並行して、新潟県から東北地方にかけては、城柵という古代城郭が設けられた。朝廷によって築かれた一種の城で、大化三年（六四七）に渟足柵、翌年に磐舟柵が新潟県に築かれ、しだいに北上して多賀城（宮城県）・秋田城、そして延暦二十一年（八〇二）には坂上田村麻呂が胆沢城（岩手県）を築いた。城柵（城も柵も当時は「き」と読む）は、朝廷が東北地方の侵略と統治のために築いた、いわば武装化した政庁だったが、律令国家の衰退とともに、やがて使命を終えて消滅していった。

続く平安時代中期から鎌倉時代中期までは、城がほとんど築かれない時代だった。例外的に東北地方では、有力武士の安倍氏が衣川柵《さく》や厨川柵などを築いて朝廷と戦い、康平五年（一〇六二）に落城して前九年の役が終わった。それらの城は、中世になって盛んになる武士による私的な築城の

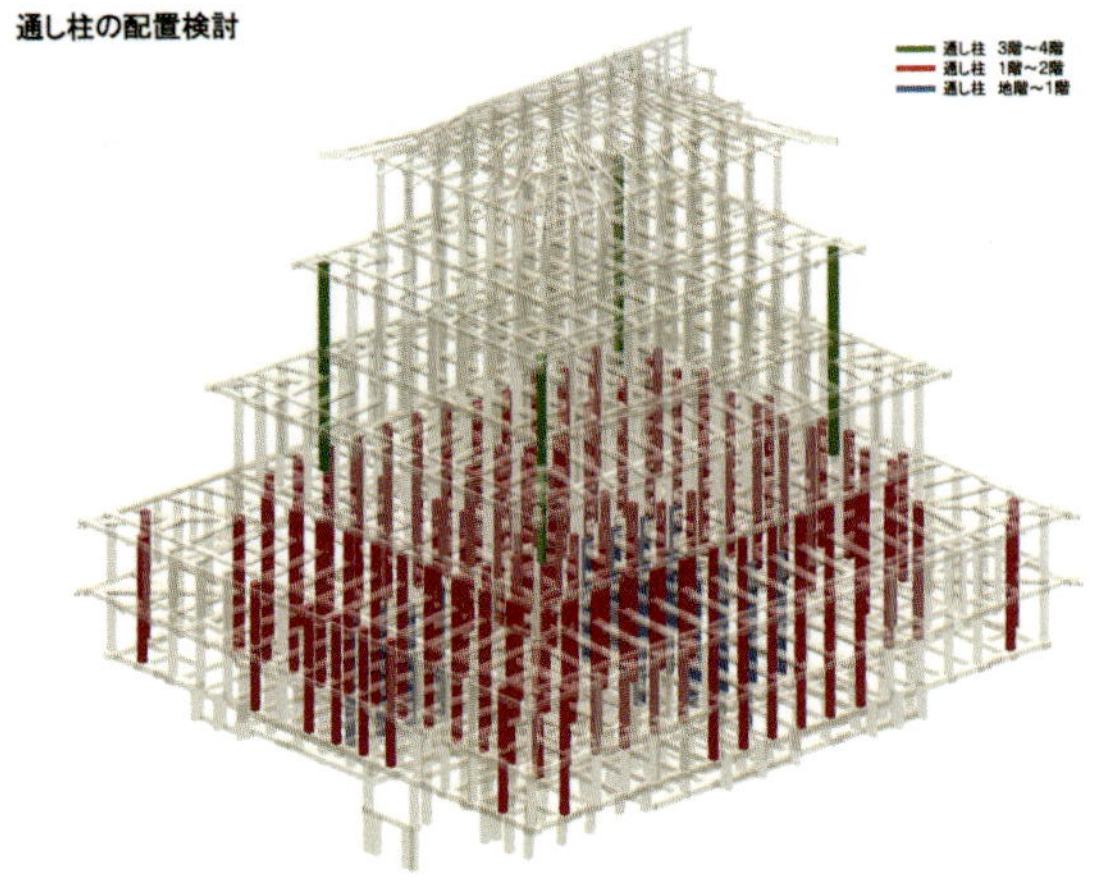

ARCHICADで作成した主架構モデル図
（制作・提供／竹中工務店）

名古屋城断面図（制作・提供／竹中工務店）

走りだった。もう一つの例外は、蒙古再襲に備えて建治二年（一二七六）、博多湾沿岸に鎌倉幕府の命令で築かれた石築地（元寇防塁）である。堤防状の石垣であって、海岸に設けられた防衛線というべきもので、厳密には城ではない。

　城の空白期が過ぎて鎌倉時代末期になると、南北朝の争乱によって全国に武士による私的な築城が広まり、中世城郭の時代を迎えた。その築城主は様々な階層の武士たちだった。守護や国人（主に地頭の系統の武士）、さらには土豪・地侍（田畑を直接に経営する武士）までの大小の在地領主たちが、自己の所領を他者から守る防御施設として、また領民から年貢の取り立てのための威嚇装置として築城した。その多くは山上に築かれた狭い山城で居住環境が悪く、平時においては、城主は城内に住まず、土塁や堀で武装した館（屋形）を山麓に設けて居住していた。有事の際には山城に逃げ込んで籠城したのである。

　中世城郭の多くを占めた山城は、山頂を削平して本丸（当時の呼称は不明なため、今日では中世城郭の本丸に相当する曲輪を主郭や本郭と仮称する）を造成し、それに続く尾根上に段々畑のように小さな曲輪を並べた構造である。斜面を削って急勾配にした切岸、尾根を分断して掘り込んだ堀切、斜面を縦方向に分断して敵の横移動を阻止する竪堀といった土木構造物に、掘立柱の城門や番小屋を設置したもので、近世城郭の威容とは程遠いものだった。

　室町時代後期になると、近隣の領主を服属させて強大化した領主、さらに勢力拡大した戦国大名たちによって、大規模な中世城郭が築かれるようになった。戦乱の恒常化にともない、山城内に城主の館を収容した例も多くなる。櫓や城門も礎石に建てられるようになり、低いながらも石垣をもつ城も現れた。北条氏の小田原城（神奈川県）、上杉氏の春日山城（新潟県）、尼子氏の月山富田城（島根県）、毛利氏の吉田郡山城（広島県）などの大規模な中世城郭が代表例である。

　室町時代後期は抗争が激化し、天下統一へ向けて領主層の淘汰がなされたが、中世城郭の多くはその間に籠城や落城の歴史をもつ。城が実戦で使われたのは近世城郭ではなく、中世城郭のほうだった。近世城郭は、織田・豊臣による天下統一の最終段階に現れ、その多くは秀吉の天下統一後、とくには家康が天下を掌握した関ヶ原の戦い後に築城されたため、実戦に供された例はほとんどなかったのである。したがって、

ARCHICADで制作した名古屋城大天守のBIMモデル（制作・提供／竹中工務店）
実測図に基づいた名古屋城天守の木造復元骨組み図。ベースとなる3Dモデルは、主架構の柱、梁、屋根回りの部材や窓回り等々を作成、検証してモデルを完成。

本書に収録されている城もほとんど実戦経歴がない。

近世城郭の築城最盛期は、慶長五年（一六〇〇）の関ヶ原の戦い後、その論功行賞による大名の全国的な配置転換から始まった。とくに家康に与した東軍大名らは、主に秀吉配下の部将だったので石垣や天守の築造に長けており、彼らが新たな領地を与えられた西日本では、壮大な近世城郭が次々に築かれていった。本書に収録されている近世城郭が西日本に片寄っているのは、そうした歴史的背景があるためである。そして、築城最盛期は豊臣大坂城が落城した慶長二十年まで続いた。その間、徳川家康は篠山城（兵庫県）・名古屋城・駿府城（静岡県）・江戸城といった大城郭を西日本の外様大名衆に命じて築かせる公儀普請（天下普請）を行っており、その結果、高度な築城技術が全国に普及し、日進月歩で発展していった。本書に掲げた城の多くは、そのような城の歴史の最高到達点にある。

近世城郭に見る美しさ

城は軍事施設なので、本来は美しさよりも堅固さが優先されるべきである。しかし、日本の城を代表する近世城郭は実戦の経歴

がほとんどなく、換言すれば血なまぐさい歴史をもたないのが普通である。今日見られる近世城郭には、中世城郭を改修して石垣や天守（天守に類する三重櫓を含む）を設けた小田原城・岩村城（岐阜県）・岡山城などもあるが、それらを含めて関ヶ原以降に創築あるいは根本的な改修をなされた城が大部分を占める。実戦に供された城は、大坂夏の陣で落城した豊臣大坂城、幕末の戊辰戦争を戦った会津若松城など稀有の例だった。

したがって、近世城郭には万一の籠城に備えて万全の工夫がなされてはいるが、それとともに城主の権力の象徴たりえる外観の荘厳さが重視された。権威を誇るために美しさや神々しさが求められたのである。実戦には必要のない飾りの破風や華頭窓や長押を天守に付けたり、櫓の形を一つずつ違えて景観を豊かにしたり、鏡石という巨石を石垣に組み込んだりしている。日本の城には、そうした城主の趣味が城の個性となって現れており、軍事施設でありながら、まるで美術品としての鑑賞価値が生まれたのである。

現状からは見えない原風景

名古屋城大天守と小天守 CG 復元（制作・提供／竹中工務店）

名古屋城天守五階二の間 CG 復元
（制作・提供／竹中工務店）

明治四年（一八七一）の廃藩置県により、近世城郭はその役割を終えた。その莫大な維持費は新生明治政府には賄いきれず、天守をはじめ櫓・城門・土塀・御殿は競売に付されて取り壊されていった。

多くの城郭建築は風呂屋の薪になったという。石垣も解体されて港湾や河川などの改修に転用され、城地の大半は市街地化していった。なかには尼崎城（兵庫県）や宮津城（京都府）のように地上から完全に消滅した城もあった。

明治初期の取り壊しを免れても、高松城ではその後の老朽化で天守や櫓を取り壊され、さらには名古屋城・岡山城・広島城などの天守は太平洋戦争の空襲で失われた。

現状で見る限り、高取城（奈良県）・米子城（鳥取県）・萩城（山口県）・岡城（大分県）・佐倉城（千葉県）のように、往時の建物を総て失った城が大多数を占める。城郭建築の現存例は、いわば稀有であって、世界遺産の姫路城ですら内堀のなかの建物は、往時の数パーセントしか残っていないのである。

現状からは、日本の城の往時の威容を想像することすら難しい。そこで、CGによる写真のような復元図を見て、日本の城の原風景を堪能していただきたいのである。

萩城

現況を見る

毛利輝元が築城した天然の要塞城

比高一四三メートルの指月山を本城の背後を守る詰の城として、山下に五重の天守をもつ本丸、二の丸、三の丸と続く。現在は石垣と堀の一部が昔の姿をとどめ、三の丸の武家屋敷地は全国最初の重要伝統的建造物群保存地区に選定された

萩城空撮（萩博物館提供）
指月山の北側と西側は、日本海の荒波が打ち寄せ、切り立つ岩の断崖が海中からそそり立つ天然の要害である。南側は三角州に通じ、東側には、わずかばかりの平地が形成されていた。また、二の丸の東面や西面には、海へ下る城門がいくつも開かれていて、萩城は平城であると同時に海城であった。

●築城年／慶長９年（1604）　●築城主／毛利輝元　●所在地／山口県萩市堀内
●交　通／ JR 山陰本線東萩駅下車。徒歩 30 分

詰丸
指月山
本丸
天守台
二の丸
萩史料館

●CG 復元について／この萩城 CG は「慶安五年萩城下町絵図」（1652）を元に
江戸時代初期の主な構成を示している。

萩　城——背後に山城を備えた日本海に浮かぶ海城

CG 復元

萩城には往時の建物は明治に破却され一棟も残っていないが、本丸と二の丸の石垣や内堀は当時の姿を保っている。その現況へ天守をはじめ、本丸御殿、本丸門、月見櫓や二の丸に置かれた武具庫や蔵などを江戸初期の姿で再現した

萩城鳥瞰CG復元（制作／3KIDS　CG　長尾美知子）

萩城本丸などの中枢部への桝形は、二の丸南門、東門、本丸門などがあり、指月山山頂の詰丸には、中世山城風の低い石垣や籠城用の水溜などがある。

萩　城――広島城天守の影響を濃厚に受けた外観五重の大天守

CG復元

明治７年、萩城天守は民間に払い下げられ破却された。関ヶ原の戦い後に広島城を追われて萩に移った毛利輝元が、広島城天守に続く２度目の天守として渾身の思いで築造した萩城天守が今よみがえった

萩城天守南面 CG 復元（制作／富士ゼロックス山口株式会社）
左頁下の萩城天守南面古写真と同方向から見た天守ＣＧ復元である。萩城天守の規模は、一階＝ 11 間× 9 間、二階＝ 10 間× 8 間、三階＝ 8 間× 7 間半、四階＝ 6 間× 5 間半、五階＝ 3 間× 3 間半で、外観五層、内部五階の大型天守であった。

● CG 復元について／この萩城 CG は山口経済同友会が創立 20 周年を記念して、山口県の「“これ” が見える」企画の一つとして、山口大学工学部の多田村克己氏協力により、富士ゼロックス山口株式会社が制作した。

萩城天守 CG 復元

（制作／富士ゼロックス山口株式会社）

萩城天守は望楼型天守である。天守は、入母屋造の基部を持ち、その屋根上に望楼（物見）を載せる形式である。萩城天守の竣工と時を同じくして新式の層塔型（今治城天守）が誕生したが、層塔型天守は入母屋造の基部を全く持たず、五重塔のように四方葺き下ろしの屋根を下から順に積み上げていく形式である。そのため、萩城は旧式の望楼型天守の最末期例の一つとなった。

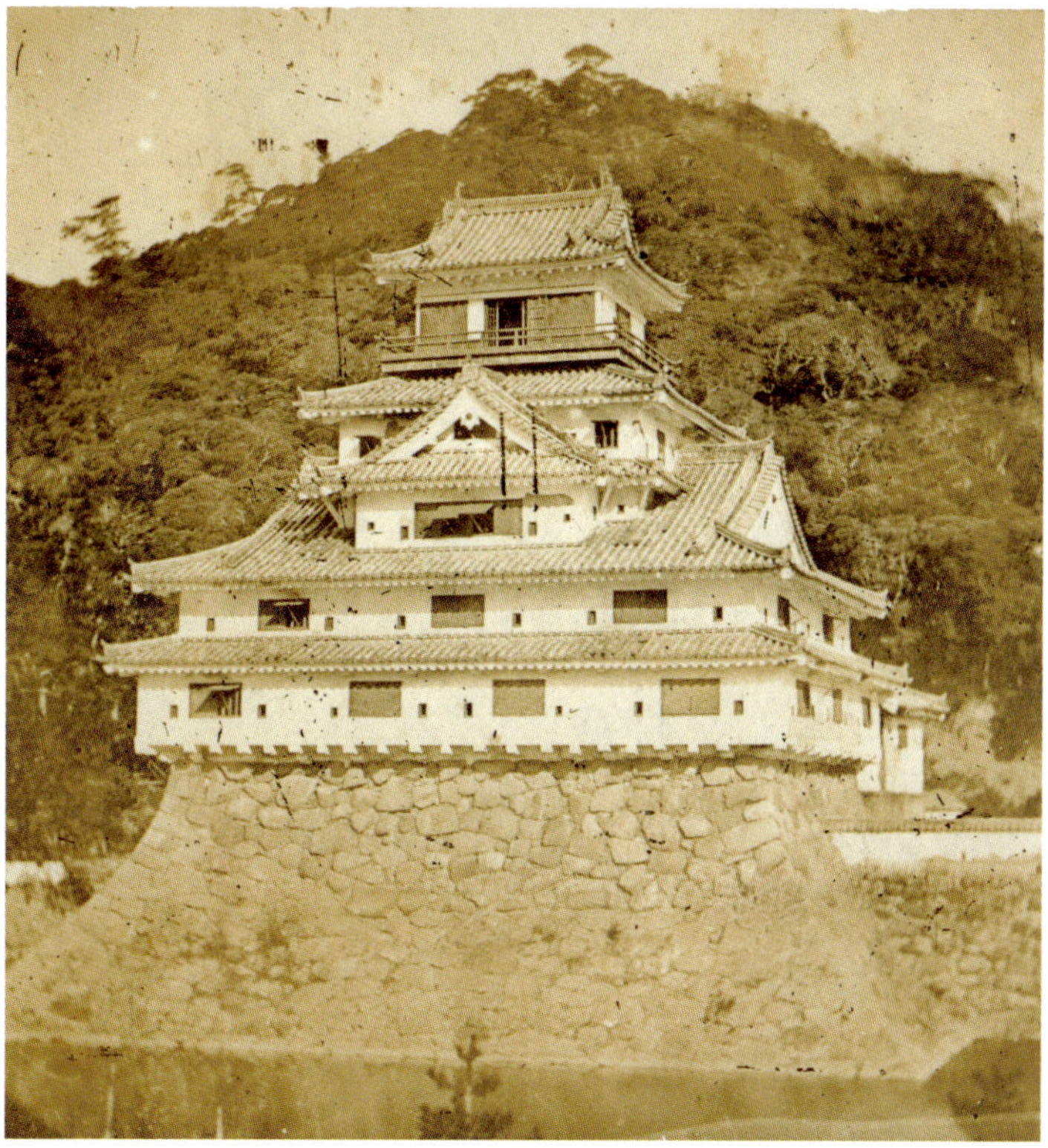

萩城天守南面（山口県文書館蔵）

明治初年・ヒルマン撮影。土台である天守台石垣より天守一階の方が大きく、外に張り出しているのが分かる貴重な写真である。

萩城天守南東面CG復元（制作／富士ゼロックス山口株式会社）
左下の萩城天守南東面古写真と同方向から見たCG復元である。天守台石垣の下部は緩い勾配とし、中程から勾配を次第に強くして最上部ではほぼ垂直に立ち上げる工法で築かれている。俗に扇の勾配、忍び返しと称される美しい曲線を描いている。

萩城天守南東面（『萩城と志都岐山神社』所収）
明治初年の撮影。

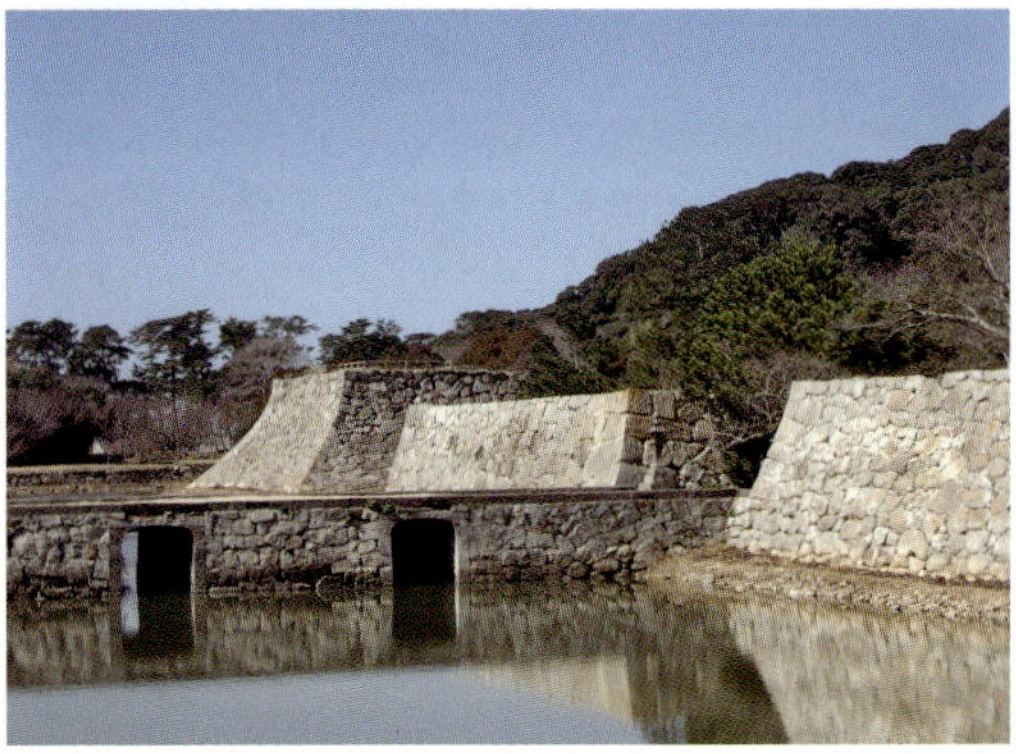

本丸石垣（萩市提供）
写真奥に見える一段高い石垣は天守台跡。手前の橋は極楽橋。

■海を背にした天然の要害

萩城は、防長二か国三六万九〇〇〇石の太守毛利輝元が築いた近世城郭である。

完成した萩城の縄張の概要は次のようである。本丸は指月山の南麓に置かれ、そこに天守や本丸御殿があった。本丸内の標高は三メートルにも満たず、完全な平城である。天守台上ですら標高九メートルしかなく、これほど平らな城も珍しい。平城の典型である広島城よりもさらに低く、その点で、平城の典型中の典型というべきものである。

本丸の南方には、内堀、中堀、外堀の三重の水堀を設け、それらによって二の丸や三の丸を区画している。

本丸の北側は、指月山《しづきやま》の急勾配な斜面に連なっている。指月山は険しい天然の要害で、急な山道を七〇〇メートルほど登ると、漸く山頂に達する。

山頂には、石垣造の本丸と二の丸からなる詰丸（要害とも称した）があり、それは完全な山城（山上部だけを利用した城）である。

■築城最盛期に築かれた天守

萩城天守の完成は、慶長十三年（一六〇八）頃とされている。その時期は、慶長五年の関ヶ原の戦い後に起こった全国的な築城大盛況の

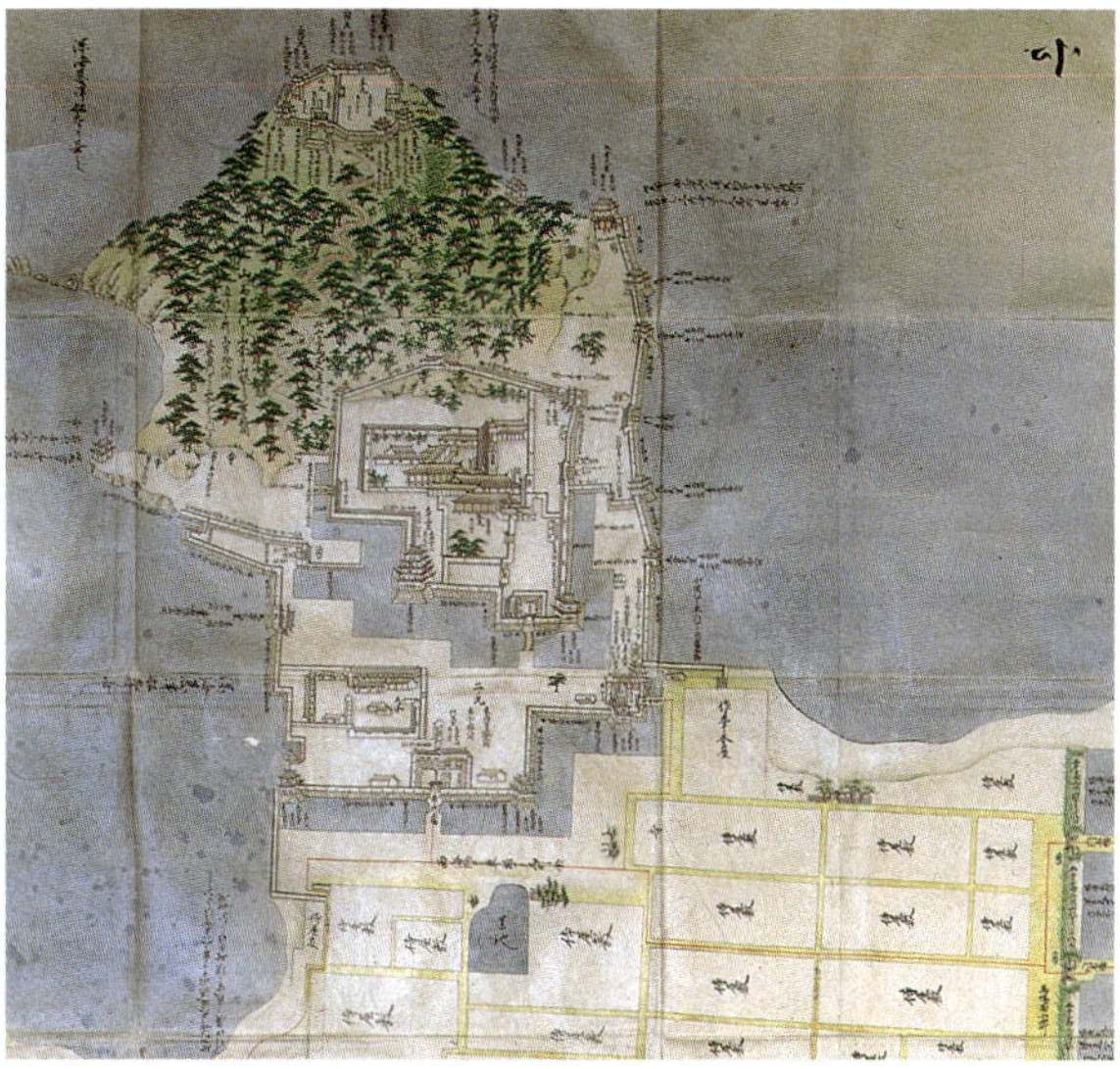

「慶安五年萩城下町絵図」（山口県文書館蔵）
慶安５年（1652）に作成された、萩城下町を描いた絵図。

萩城天守 CG 復元（制作／富士ゼロックス山口株式会社）
海上から見た景観を描く。広島城天守と同じく、五階に廻縁を設けている。

萩城天守東面 CG 復元
（制作／富士ゼロックス山口株式会社）
二重二階の入母屋造の基部上に三重三階の望楼を載せている。

まっただ中であって、幕府も諸大名も競って城普請に励んだ。天守の建設も盛んであって、佐賀藩の「直茂公譜考補」に、慶長十四年に佐賀城天守が完成し、その年には日本国中の天守が二五基建ったとある。その頃に建てられた有名な天守の例を挙げると、慶長十一年に彦根城、十二年頃に江戸城、十三年に姫路城や駿府城などがある。

■広島城天守の影響を受けた天守

毛利輝元にとって、萩城天守は広島城天守に続く二度目の天守であった。

広島城天守は、関ヶ原の戦い以前の八か国一一二万石の大大名であった毛利輝元によって慶長三年頃に完成した。三重の小天守を二基従えた広島城天守は、竣工当時は全国一の規模を誇る壮大なものであった。家康と並んで豊臣政権の五大老に列した輝元の天下人に準じる権勢を示していた。

ところが、そのわずか十年後の萩城天守の竣成時では、二か国三六万九〇〇〇石に減封され、家康の下に立つ一外様大名に転落しており、天守の規模も縮小を余儀なくされた。諸大名の天守が関ヶ原後に大規模化するのとは対照的である。

広島と萩の両天守を比較してみると、両天守とも外観五重、内部五階の大型天守であり、しかも望楼型天守であって、二重二階の入母屋造の基部を持ち、その上に三重三階の望楼を載せている。そのため、二重目の大屋根の東西の端に大きな入母屋破風を見せていて、基本的な構造は一致している。また最上階の五階に廻縁を設けることも共通していた。

しかし、延床面積で比べると、萩城天守は広島城天守の八割にも満たない。天守の高さも萩城の方が低くなっている。さらに、広島城は、二基の三重小天守を大型の渡櫓で連結した壮大な連結式天守であったが、萩城は、一重の付櫓を設けるだけの複合式天守であって、両者の規模の違いは歴然としていた。

（三浦正幸）

高松城——生駒親正により創築された大規模な海城

現況を見る

瀬戸の都として、すっかり近代化されている高松の街中に、本丸をはじめ二の丸・三の丸などの石垣がよく残る史跡高松城跡。日本三大水城のひとつ高松城の往時の名残りを見る

●築城年／天正 16 年（1588）　●築城主／生駒親正　●所在地／香川県高松市玉藻町
●交　通／高松琴平電鉄、高松築港駅下車。徒歩 3 分

高松城空撮（凸版印刷株式会社・高松市提供）
42万都市・高松市の中心地遠望。高松城の本丸は、広い内堀の中に島のように存在する。築造年代が近世城郭としては早い時期のため、本丸の面積は比較的狭い。本丸の端に大きな天守台が突き出しており、天守台の三面が堀に面する形式であるが、類例は少ない。

高松城――四国最大規模の天守をもち西国に君臨した海城

CG 復元

天正 16 年（1588）に築城を開始した高松城は、三原城と並んで日本最初の本格的海城と称される。そしてその規模の大きいことや、近世城郭の基本ともいうべき平城であることを考慮すれば、海城の代表的な城である

● CG 復元について／高松市が高松城天守や城内を CG 画像で楽しめるように、最新技術で精巧に再現したものである。

高松城本丸周辺 CG 復元（高松市提供）

本丸の北（海側）に二の丸があり、本丸との間は長さ 16 間の木橋で結ぶだけである。二の丸の東方には広い三の丸があり、そこには藩主の御殿があった。

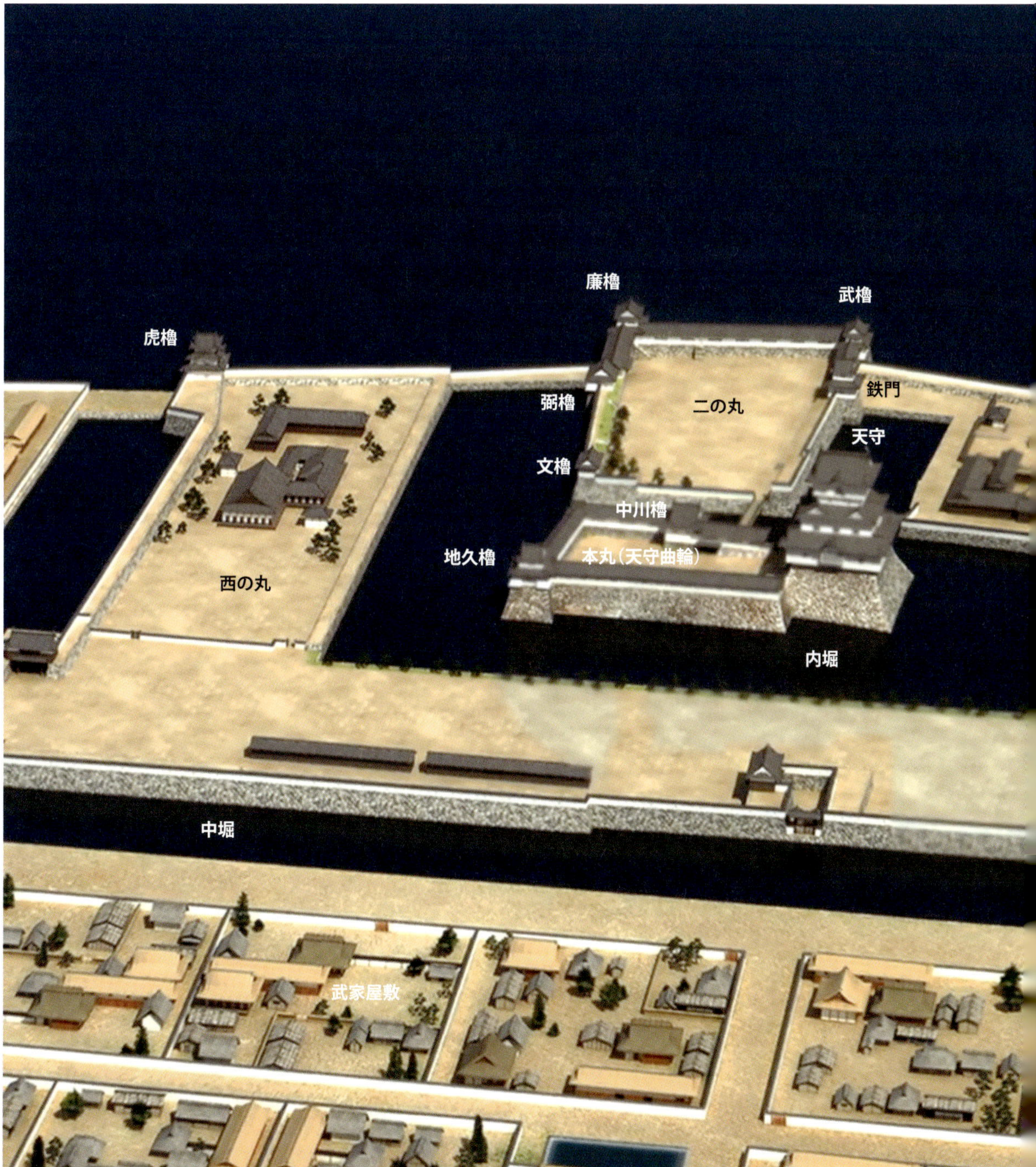

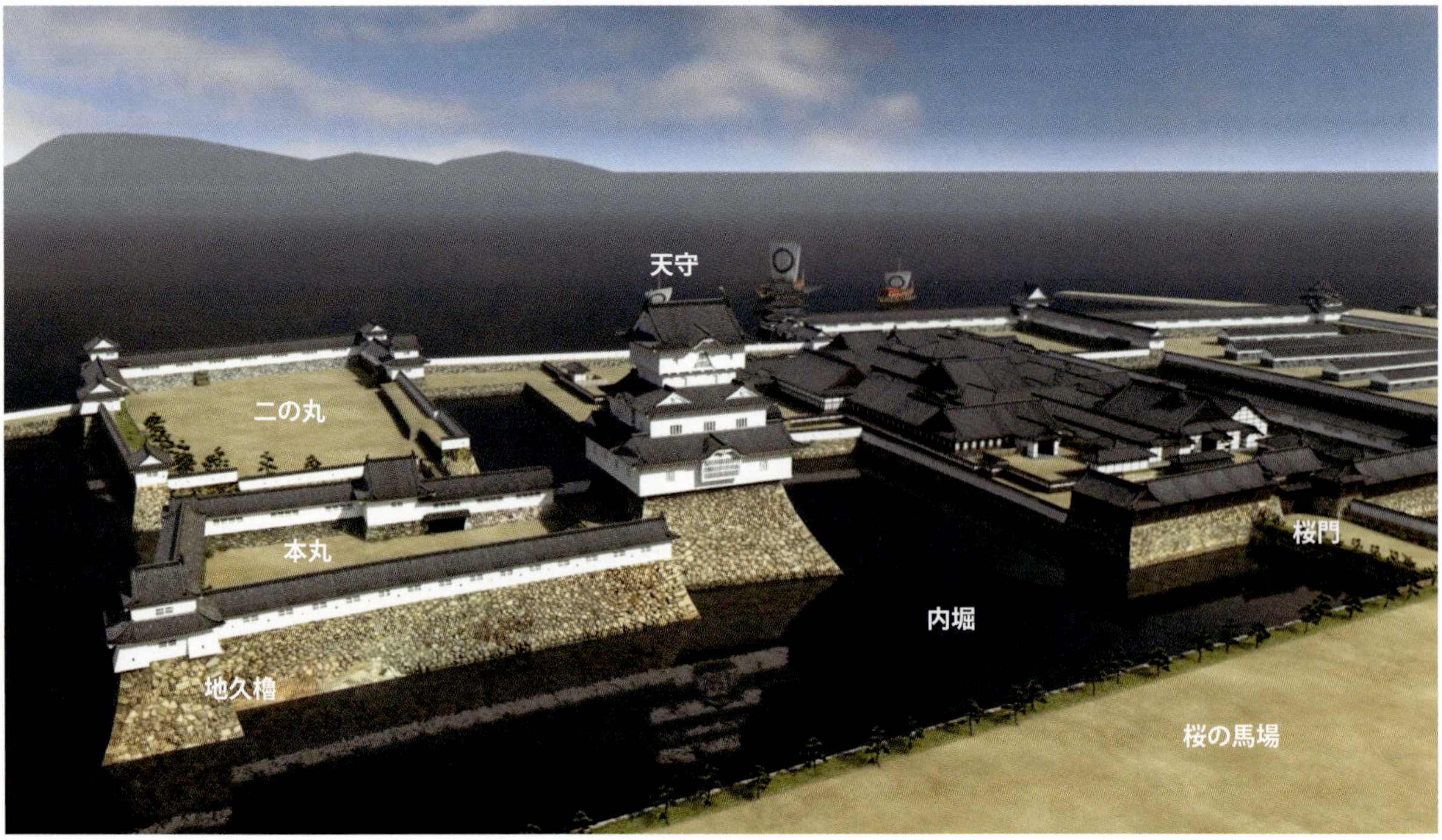

三の丸より高松城本丸周辺 CG 復元（高松市提供）
高松城は、攻城側による海上封鎖が難しく、物資の搬入路や万一の脱出路の確保が容易であり、水攻めも不可能であるので、大規模な籠城戦には有利であった。

高松城天守南立面図（左）・東立面図（右）（© 復元・作図＝三浦正幸）
一重目の屋根は東面と西面にそれぞれ二つずつの小型の入母屋破風を並べた比翼入母屋造（類例に名古屋城）であり、南面と北面に唐破風造の大きな出窓が設けてあった。二重目の屋根は、一重目と二重目の比翼入母屋造の向きが互い違いになって、造形的に優れた構成であった。三重目すなわち最上階の屋根は、東西に妻面を向け、南と北面に軒唐破風を付けて飾ってあった。

高松城天守 CG 復元
（凸版印刷株式会社・高松市提供）
三重四階、地下一階で、三重目は上下二階分になっていた。この天守を五層と記す文献もあるが、地階を含めたものと考えられる。天守一階は四辺を天守台より外へ張り出し（類例に熊本城・萩城）、また最上階もその下階より張り出し（類例に小倉城）、特徴的な外観をした層塔型天守であった。

高松城天守台（凸版印刷株式会社・高松市提供）
天守は明治 17 年（1884）に老朽化のために惜しくも取り壊された。

明治前期に撮影された高松城天守（松平公益会蔵）
高松城天守の写真は、この写真とイギリスのケンブリッジ大学で発見された古写真の 2 点のみである。

「高松城下図屏風」（香川県立ミュージアム蔵）
図は作者不詳ながら、1640 年代半ばの高松城下の景観を描いたものである。城内の建物や城下の町並みが驚くほど詳細に描かれた鳥瞰図である。近年、発掘調査において、この絵図に描かれた地割と同じ地割などが確認され、その描写の正確性も証明されつつある。当時の景観を知る上で、貴重な資料である。香川県指定有形文化財。

北の丸月見櫓（高松市玉藻公園管理事務所提供）
三重櫓は北の丸月見櫓（国重文）、その手前は水手御門（国重文）、手前は渡櫓（国重文）。いずれも延宝 4 年（1676）に建築された。月見櫓は本来は着見であり、到着を見る櫓である。

高松城の歴史的環境

高松城は、天正十五年（一五八七）、数々の戦功により豊臣秀吉より讃岐一国を賜った生駒親正《いこまちかまさ》が、その居城として翌年に築城を開始し、同十八年にほぼ完成をみた近世城郭である。

城は讃岐の中央に位置し、交通の要衝地でもあった。北は瀬戸内海に臨み、本丸を中心に右回りに二の丸・三の丸・桜の馬場・西の丸の四つの曲輪を配し、本丸と二の丸は内堀が囲み、三の丸・桜の馬場・西の丸は中堀、その外側は武家地の外曲輪で外堀が囲んだ、後堅固の城であった。これら曲輪は海水を利用した堀に囲まれ、城内から軍船を海に入れることもでき、水陸の攻防と水運も兼ねた海城でもあった。

松平時代の高松城

寛永十七年（一六四〇）、生駒氏が領地を没収され、同十九年、水戸徳川家から松平頼重（徳川光圀の兄）が東讃高松一二万石の初代藩主として高松城に入った。その後、松平氏は中国西国の鎮として重きをなし、明治維新まで存続している。

頼重は入国後、城の修築に着手した。なかでも、生駒時代は外観三重内部四階だった天

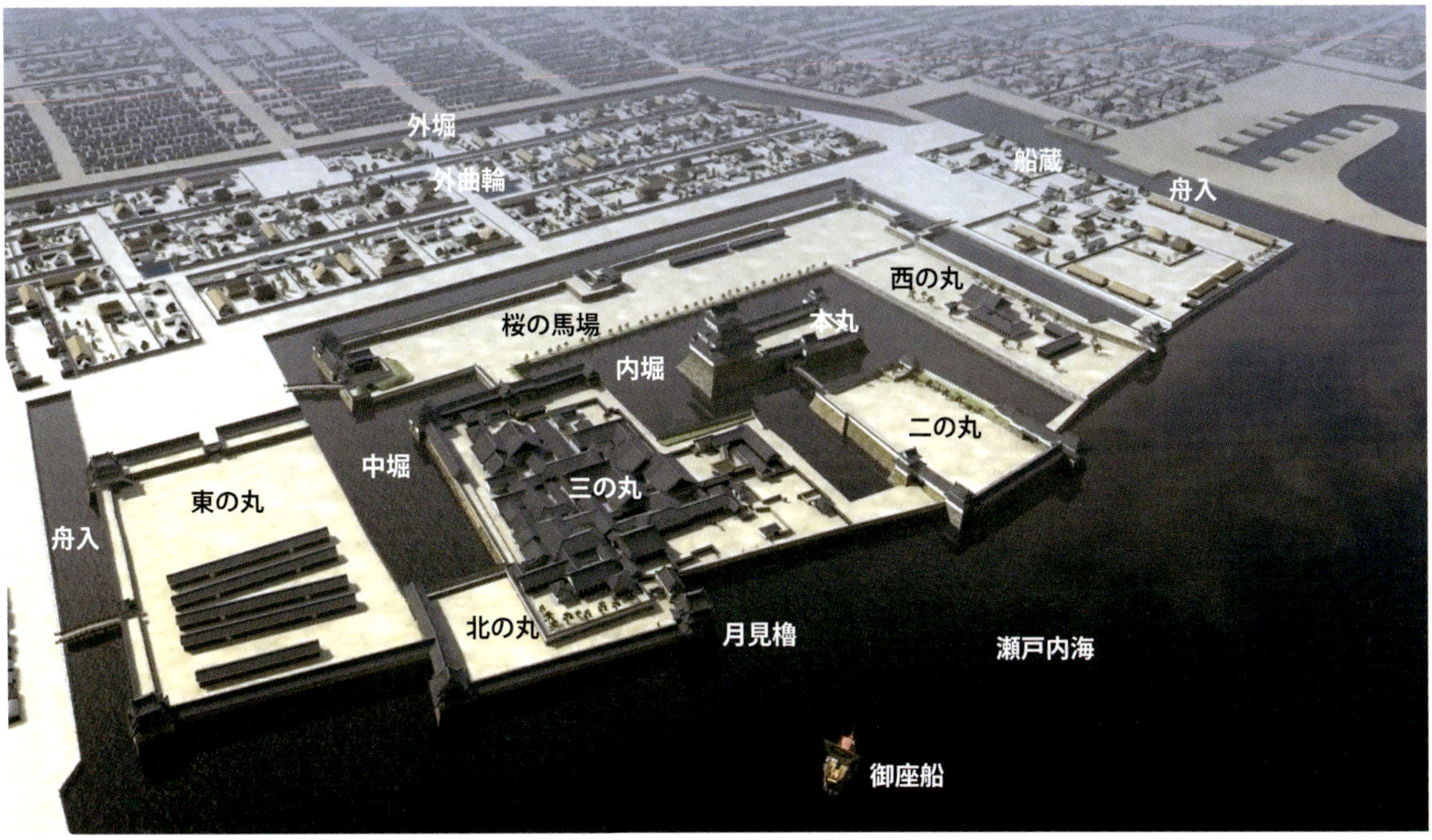

海より高松城遠望 CG 復元（高松市提供）
瀬戸内海に面して本丸天守、二の丸、御殿のある三の丸、それを囲む内堀、桜の馬場、西の丸を囲む中堀、外曲輪（武家屋敷街）を囲む外堀の三重の堀が描かれている。また東西に舟入が設けられ、西側には藩の船蔵が描かれ、海には藩の御座船が描かれている。

艮櫓（高松市玉藻公園管理事務所提供）
延宝５年（1677）に東の丸北東隅にあった三重三階の櫓で、昭和 42 年に太鼓櫓台跡に移された。入母屋造、本瓦葺で、初重に見られる大きな千鳥破風と、城内側に設けられた鉄砲狭間が特徴である。国重要文化財。

守を寛文十年（一六七〇）に外観三重内部五階に改築した。この再建に先立ち、大工頭が姫路城と小倉城の天守を写し取りに行き、姫路城は大層であるので、小倉城の形にしたという伝えがある。最上階が張り出す南蛮造《なんばんつくり》が小倉城に由来することを示す話である。

さらに延宝四年（一六七六）には北の丸を増築し、月見櫓、続櫓、水手御門、渡櫓が建てられ、翌年には東の丸に艮櫓《うしとら》が建築された。

その後の高松城は明治維新まで大きく改変することなく、松平氏十一代の居城としてその姿を見せるが、慶応四年（一八六八）、官軍に開城した。

高松城天守の復元計画

平成に入り、築城から約四二〇年経った天守台は劣化のため、崩壊が危惧された。そのため天守台石垣の解体・積み直し工事が開始され、平成二十四年に築城時の美しい姿が再現された。

高松市は平成十五年から天守復元を目指しているが、「忠実なる復元」を求める文化庁の許可を得るためには、外観だけでなく構造を示す図面など、詳しい資料が一層求められるようになった。また、根拠のある絵画資料の発見や仕様部材の特定ができる資料などの、さらなる発見が望まれている。（北野康治）

福岡城 —— 黒田長政が築城した九州最大の規模をもつ名城

CG 復元

黒田藩 52 万石の本拠にふさわしく、本丸に聳える五重五階の大天守。定説では福岡城大天守はもともと建設されていなかったとされる。ここでは、近年発見された記述に基づいて類推された、まぼろしの天守を見る

福岡城天守（多聞櫓付近から）CG 復元（福岡市提供）
福岡城には大天守はなかったというのが通説であったが、近年、小倉藩主細川忠興が三男忠利へ宛てた手紙から「黒田長政が天守を取り壊すと語った」という、大天守の存在をうかがわせる記述が発見された。その天守を、福岡城大天守台の規模などから五重天守として類推して、ＣＧ復元がなされた。右手前の櫓は本丸祈念櫓、五重天守左手前は月見櫓。

●築城年／慶長６年（1601）●築城主／黒田長政　●所在地／福岡県福岡市中央区城内
●交　通／ JR 鹿児島本線博多駅下車。地下鉄大濠公園下車。徒歩５分

福岡城大天守 CG 復元（福岡市提供）
北方向から見た福岡城天守。天守桁行側一重目に二つの千鳥破風（または比翼入母屋破風）、二重目に千鳥破風、四重目に唐破風を配置させている。右頁 CG 画像で分かるように、天守梁間側一重目に千鳥破風、三重目に望楼型天守に似せた大きめの千鳥破風、五重目に廻縁を配置させている。

福岡城天守台空撮（福岡市提供）
東西約 25 メートル、南北約 22 メートルの天守台跡には約 40 個におよぶ天守の礎石が残っている。現在、天守台は展望台になっているが、その台上からは全市 360 度全方向が見渡せる、好展望地となっている。

福岡城下之橋御門（大手門）（福岡市提供）
門は重厚な櫓門。平成 12 年 8 月の不審火で焼失したが、平成 18 年～ 20 年に本来の二層櫓門に復元された。この下之橋御門は潮見櫓と並んで福岡県指定有形文化財になった。

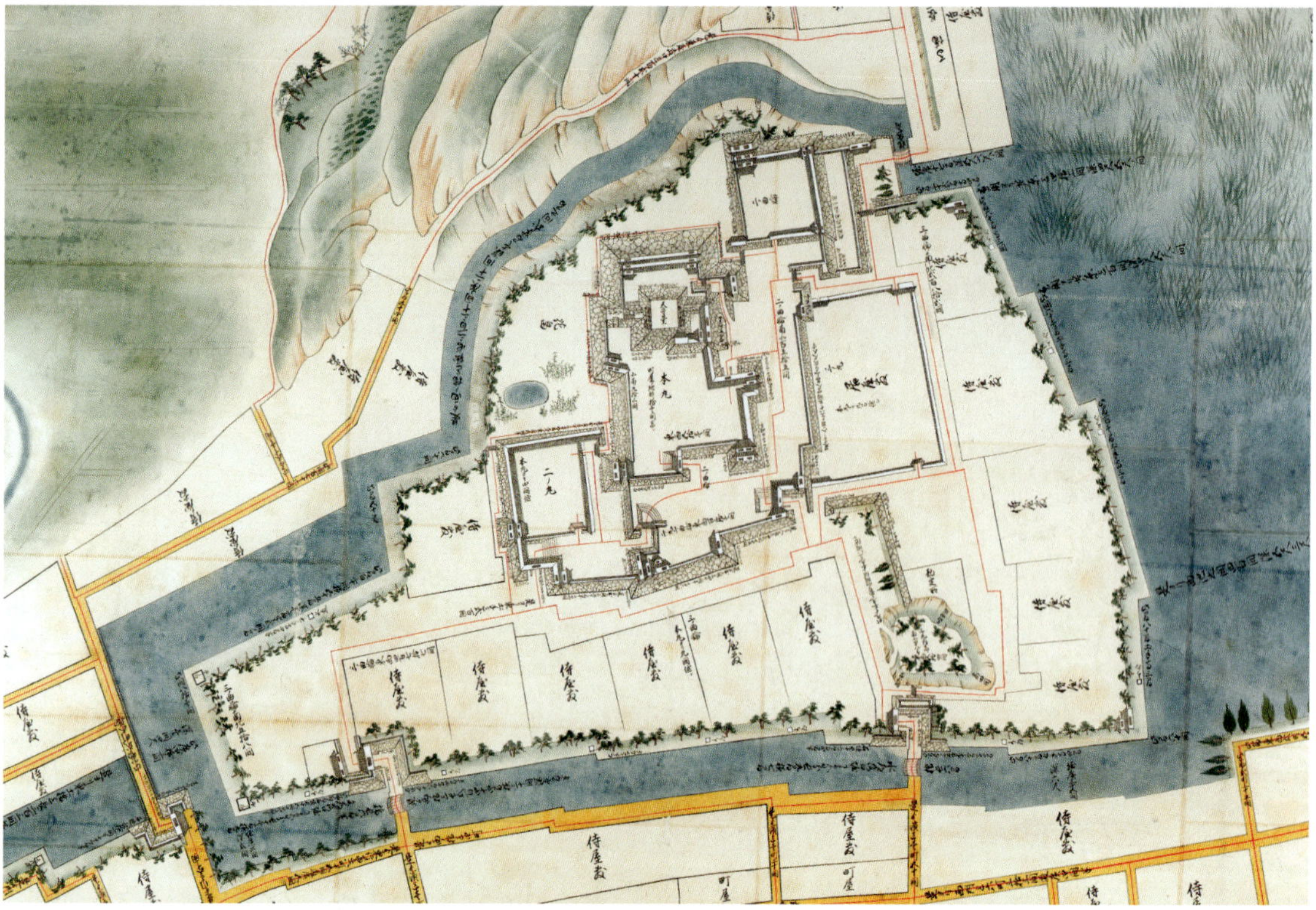

「正保福博惣図」（部分）（福岡市博物館蔵）
正保３年（1646）に描かれた絵図。この絵図は縦３メートル、横５メートルと大きく、福岡城の詳細な図面である。

南二の丸多聞櫓の北隅櫓（福岡市提供）
二重二階の隅櫓。昭和 47 年 10 月から２年半の歳月をかけて解体と修復がなされ、復元された。

■黒田長政が築いた大城郭

慶長六年（一六〇一）、関ヶ原の戦いの戦功により、五二万石の大守となった黒田長政は、父如水と共に博多湾に望む赤坂の丘陵に新城の築城を開始した。総面積二四平方メートルに及ぶ大城郭は、六年の歳月を費やし一応の完成を見ている。

本丸南側にある天守台は、大天守、中天守、小天守の三基が東西に連結し、さらに武具櫓、鉄砲櫓、鉄門が天守群をコ字状に取り囲み堅固な天守曲輪を形成している。大天守台の規模は約二二メートル×二五メートルで、深さ三メートルの穴蔵をもつ。このことから、福岡城天守が実在したならば、五重五階、地下一階の大天守が想像される。

また福岡城には多くの三重櫓や二重櫓が建ち並び、その櫓の数は四七基を誇ったという。これら城内の建物の多くは、現存する南の丸多聞櫓（国重要文化財）や古写真から、下見板張の古式で武骨な姿であったことが推定される。

明治六年の廃城令後、城内の多くの建造物が解体、もしくは城外に移築された。現在の城跡には、現存櫓や城外に移築されていた祈《き》念《ねん》櫓や伝潮見櫓などが戻されたほか、復元された櫓や城門が点在している。

● CG 復元について／画を監修した九州産業大学名誉教授の佐藤正彦氏の研究を参考に、福岡城に天守があった場合の想定のもとに復元された。

福岡城大天守（東方から）CG 復元（福岡市提供）
画の奥の天守台上に大天守。手前は中天守（多聞櫓）。

福岡城大天守台跡（福岡市提供）
天守台は比高約 20 メートルの丘陵上の本丸に築かれ、天守台石垣の高さは約 9 メートルある。

福岡城東御門 CG 復元
（福岡市提供）
門の左手石垣上に炭櫓（高矢倉）、中に櫓門、右手石垣上は革櫓が設けられていた。

福岡城東御門跡（福岡市提供）
三の丸と二の丸をつなぐ櫓門が建っていた。

福岡城大天守は存在したか否か

今回CG画で再現された福岡城は、福岡市が「鴻臚館・福岡城バーチャル時空散歩」の一環として再現した福岡城や鴻臚館の姿をタブレット端末で見学してもらう意図で作成されたもので、今はない福岡城の建造物がよみがえり、見られるのがポイントの一つである。平成二十五年四月から実施され、ガイドツアーに参加した人にタブレット端末を貸し出し、楽しんでもらう趣向である。

この再現では福岡城大天守が登場する。今まで、福岡城に天守台があるにもかかわらず、大天守は建てられなかったと考えられてきた。しかし、近年、黒田長政と昵懇《じっこん》であった小倉藩主の細川忠興の書状（手紙）から「黒田長政が天守を取り壊すと語った」という、実際に存在したかのように読みとれる記述が発見された。そこで、福岡城大天守が築城初期にあった場合の想定のもと、復元されたのがこれらのCG画である。

福岡城大天守の実在派と否定派、いずれの派も、正保三年（一六四六）「正保福博物図」（福岡市博物館蔵）の作成段階には大天守がなかったことは認めている。江戸時代初期に福岡城大天守が存在したか否か、今後のさらなる研究を期待したい。　（北野康治）

津山城

現況を見る

堅固な高石垣で囲まれた壮大な城郭

城の麓から頂上の本丸までの高低差は約四五メートルと高く、城の大部分が最高一三メートルの高石垣で築造されている姿は壮観である。明治の廃城令によって建物は壊されて、今は復元された備中櫓しか残っていないが、ぜひ訪ねたい城である

津山城空撮（津山市教育委員会提供）
津山城の麓にある津山郷土博物館には津山城の精密模型をはじめ、津山城に関する資料が多数展示されている。

●築城年／慶長９年（1604）●築城主／森忠政　●所在地／岡山県津山市山下
●交　通／ JR 津山線津山駅下車。徒歩 15 分

本丸
天守台
天守曲輪
備中櫓
二の丸
二の丸
三の丸
三の丸

津山城

CG復元

――現代景観によみがえった美作の名城

天守は外観五重、内部地上五階、地下一階の最新鋭の層塔型天守。三の丸から本丸までの間に、大手筋で櫓門五棟、冠木門等六棟、搦手筋で櫓門五棟、冠木門等二棟を通らなければならず、高石垣と多数の櫓と城門で固められた重防備な城の一つであった

西面から見た津山城古写真（津山郷土博物館蔵）
明治初年の撮影。明治６年に天守以下の建物が取り壊された。

南東から見た津山城空撮（津山弥生の里文化財センター提供）
明治６年（1873）に天守以下の建物が取り壊され、復元された備中櫓のみが存在する。

復元された備中櫓（津山弥生の里文化財センター提供）
津山城の櫓の中で最大級の規模の櫓。平成17年に復元された。

津山城鳥瞰ＣＧ復元（左）
（制作／3KIDS　CG　長尾美知子）
津山城の築城は慶長９年（1604）から13年の歳月を費やして元和２年（1616）に完成をみる。比高約50メートルの城山の山頂部の本丸を中心に、二の丸、三の丸の三段構えとした輪郭式の平山城であった。

●築城年／慶長９年（1604）　●築城主／森忠政　●所在地／岡山県津山市山下
●交　通／JR津山線津山駅下車。徒歩15分

明治初期の津山城（津山郷土博物館蔵）
北西から見た津山城。中央に五重五階の層塔式天守。天守左方が本丸。その一段下が二の丸、下方の長い土塀は外郭。天守左下の黒ずんだ櫓は色付櫓。さらに左下の大きめの二重櫓は紙櫓で、二の丸搦手口を守る重要な櫓。城の北側は多数の櫓と城門が建ち並んでいた。明治６年、天守以下建物は払い下げられ、同８年頃までに取り壊された。

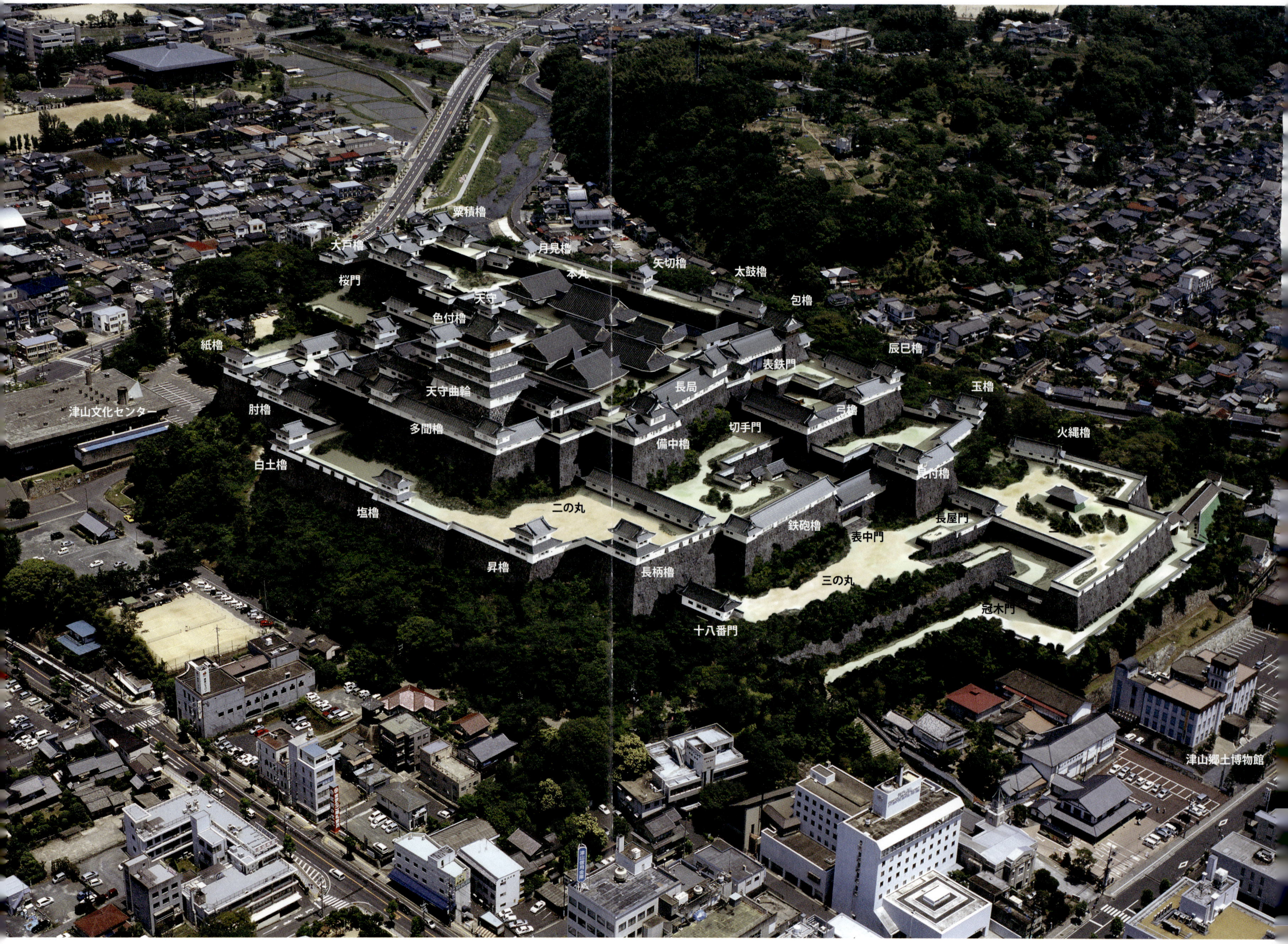

●CG復元について／「美作国津山城絵図」、「美作国津山城古図」、古写真、「津山御城絵図」、「御城御座敷向惣絵図」や津山市教育委員会の資料を参考に復元している。

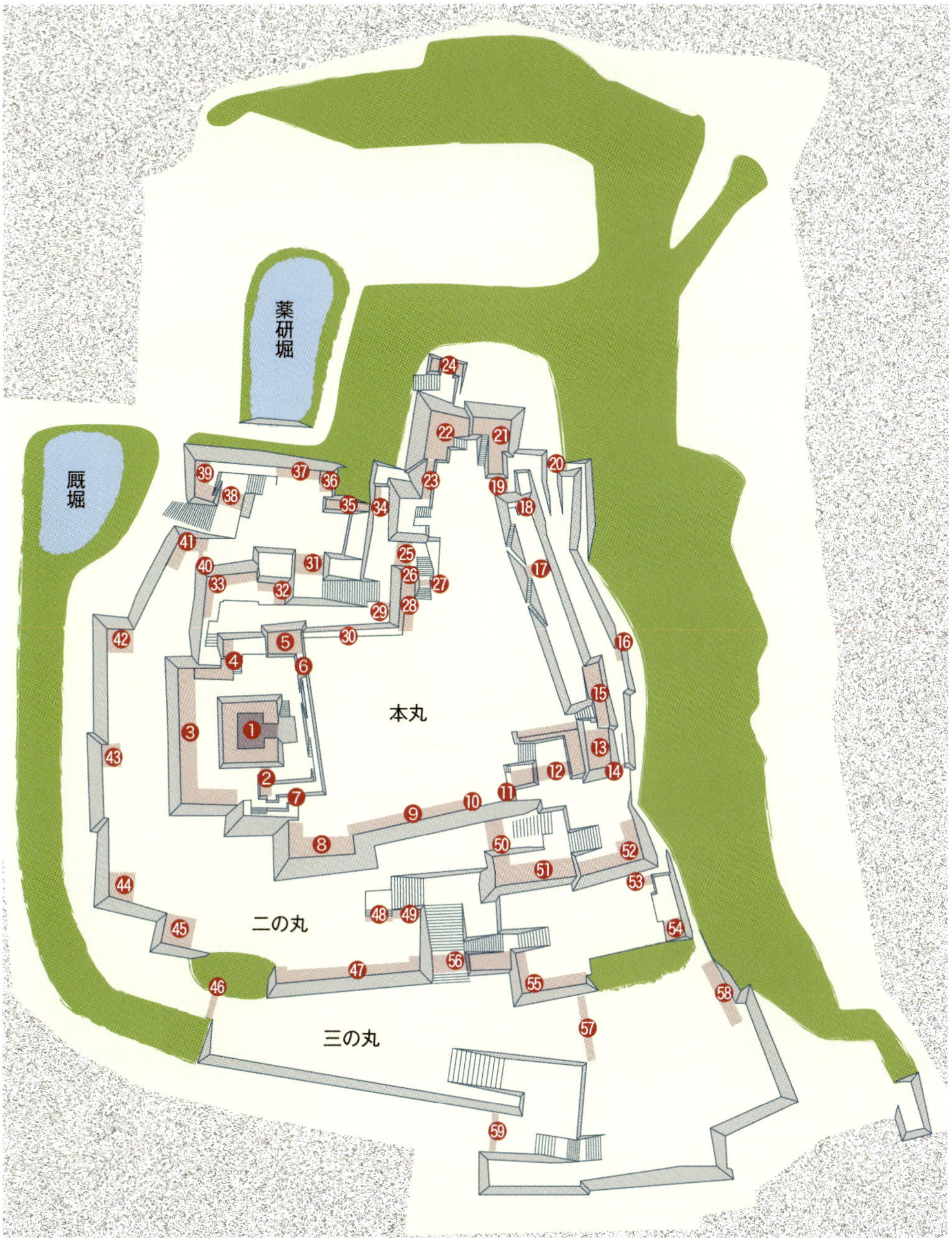

1 天守
2 六番門
3 多門櫓
4 七番門
5 長櫓
6 八番門
7 五番門
8 備中櫓
9 長局
10 到来櫓
11 使者櫓
12 表鉄門
13 包(鼓)櫓
14 十四番門
15 太鼓櫓
16 瓦櫓
17 矢切櫓
18 月見櫓
19 十一番門
20 十二番門
21 粟積櫓
22 大戸櫓
23 長屋櫓
24 桜門
25 裏鉄門
26 腰巻櫓
27 裏切手門
28 七間廊下
29 十三番門
30 涼櫓
31 裏中門
32 小姓櫓
33 色付櫓
34 麦(書)櫓
35 荒和布櫓
36 道明寺櫓
37 干飯櫓
38 裏下門
39 紙櫓
40 格子門
41 肘櫓
42 白土櫓
43 塩櫓
44 昇櫓
45 長柄櫓
46 十八番門
47 鉄砲櫓
48 四足門
49 走櫓
50 切手門
51 弓櫓
52 辰巳櫓
53 十六番門
54 玉櫓
55 見付櫓
56 表中門
57 長屋門
58 火縄蔵
59 冠木門

津山城建造物配置図（[史跡津山城跡 保存整備事業報告書Ⅰ] 参考）

天守曲輪は本丸西端の位置に配され、本丸東側に築かれた月見櫓、矢切櫓、太鼓櫓石垣と共に、東方の丹後山からの攻撃に備えたとされる。天守は五層で、高さは22メートル、天守台石垣を含めた高さは26メートルを測る。本丸には櫓31棟、門15棟を連ね、内側に御殿を配した。本丸御殿は、表向きと奥向きに分かれる。表向きの御殿は、「玄関」「大広間」「大書院」「小書院」で構成される。また、御殿の面積が手狭なため、表鉄門、長局、備中櫓などの外縁部の建物を御殿の一部に取り込んでいるのが大きな特徴である。また、二の丸には櫓12棟、門7棟、三の丸には櫓17棟、門11棟が並んでいた。これらの縄張は精妙を究め、大手、搦手とも通路を複雑に折り曲げ、容易には本丸に着くことができない構造になっている。

「美作国津山城絵図」（国立公文書館内閣文庫蔵）
絵図は、通常「正保城絵図」と呼ばれている絵図の一枚で、正保 2 年（1645）から 3 年にかけて作成されたものである。津山城の完成は、元和 2 年（1616）とされるので、完成から約 30 年後の様子を描いていることになる。

東方向から見た津山城鳥瞰 CG 復元（津山市教育委員会提供）
城への出入り口は 6 ヵ所に門が設けられ、城下町の中心となる京町に面する京橋門を大手口とした。堀幅は、京橋門で 27 メートルを測る。

「御城御座敷向惣絵図」（津山市教育委員会提供）
文化5年（1808）に製作された御殿平面図。本丸の敷地内に建てられていた。

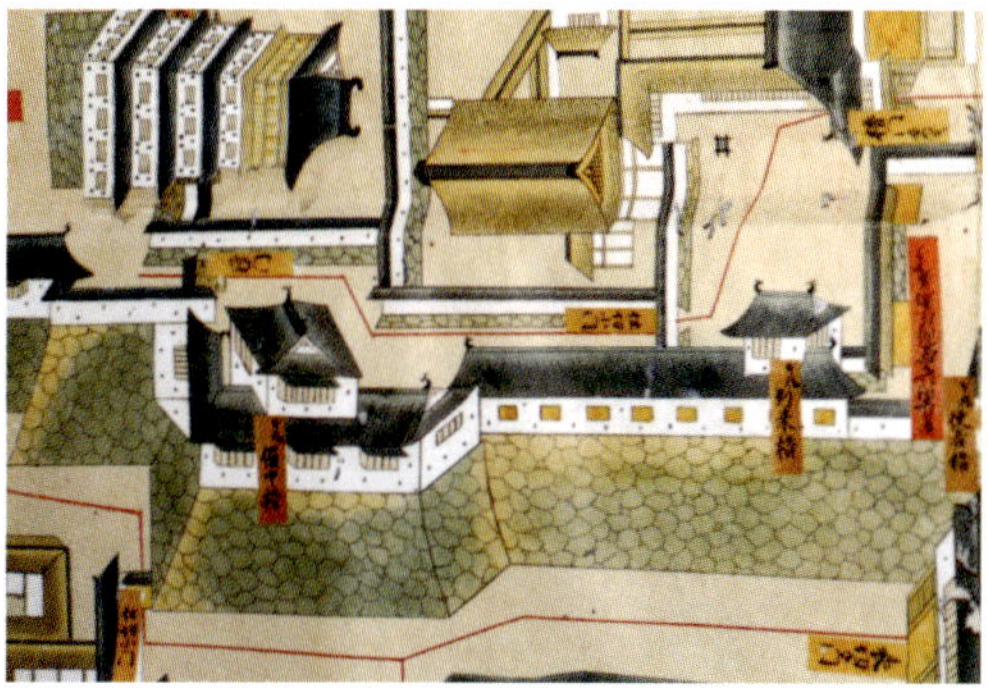

「津山御城絵図」（部分）（津山市教育委員会提供）
享保10年（1725）に描かれた天守（左上）と備中櫓（左下）。右上に本丸御殿の一部が見える。

■森忠政による築城

慶長八年（一六〇三）、森忠政は一八万六五〇〇石に加増されて美作《みまさか》国に入府している。忠政は、本能寺の変で織田信長と運命を共にした有名な森蘭丸の弟であって、信濃国川中島から美作へ転封となった。

美作に入国すると、居城の地を吉井川と宮川との合流点にある鶴山に定め、翌九年から築城を始めたと伝える。この時、地名を鶴山から津山と改めたという。城地の普請は早くも翌十年には大部分が完成したといい、その祝いが城中で催されている。しかし、現存する石垣を見ると、相当の技術差や年代差が現れた新旧三様以上のものが混在しており、しかも縄張の計画変更もしばしば行われたようで各所の石垣にその痕跡を留める。したがって、実際には石垣の普請は慶長十年以後も綿々と続き、築城工事が完了したと伝えられる元和二年（一六一六）に至るまでの長期間を要したものと考えられる。その間、忠政は幕命により各地の城郭普請の手伝いを行っており、津山築城は遅々として進まなかったのであろう。そして元和二年竣工とはいうものの、三の丸の石垣や城門、櫓などに未完成と思える点が少なからず見られ、元和二年は築城続行を断念した年と解した方がよいのかも

北西方向から見た津山城 CG 復元（津山市教育委員会提供）

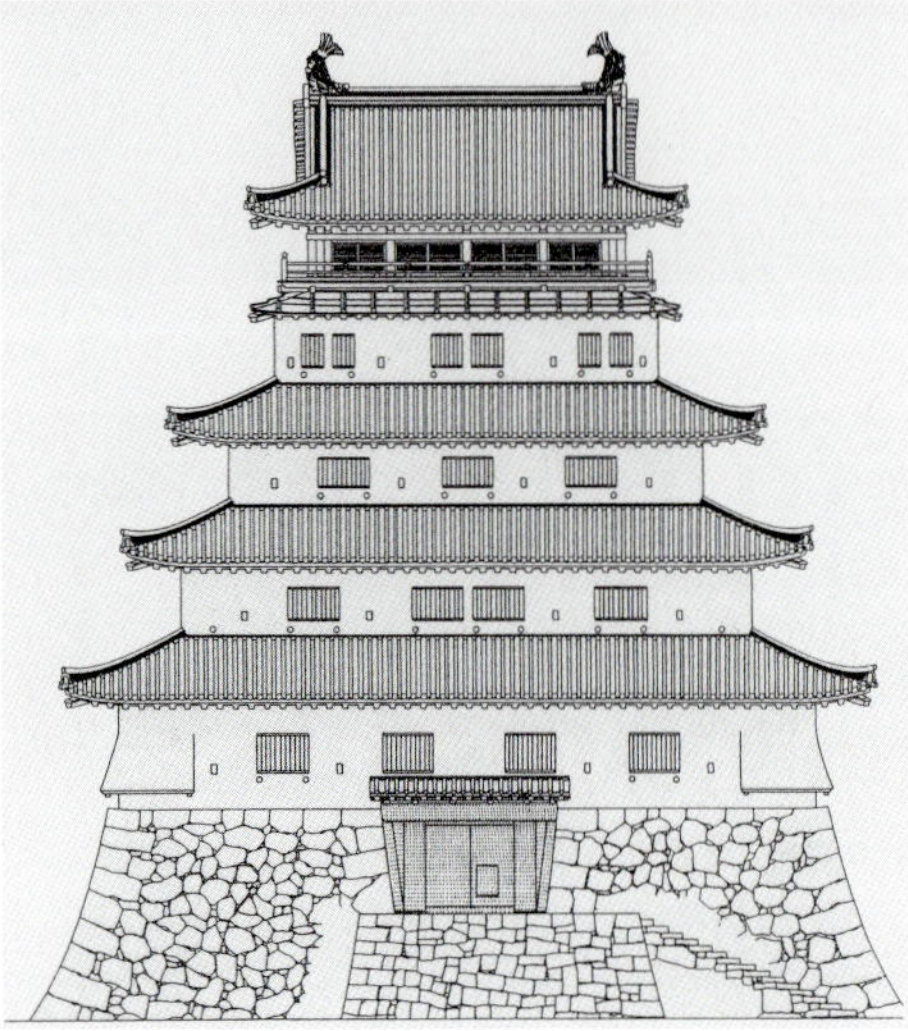

津山城天守東立面 （© 復元・作図＝三浦正幸）
天守は外観五重、内部地上五階、地下一階であり、天守建築に特有な千鳥破風が一つもない層塔型天守であった。

西方向から見た津山城 CG 復元（津山市教育委員会提供）

北方向から見た津山城 CG 復元（津山市教育委員会提供）

知れない。それでも、その時までに五重五階、地下一階の天守をはじめ多数の櫓や城門を建て並べた城郭の姿が現出していた。その石垣の壮大さと櫓や城門の規模棟数は、広島、岡山、姫路などの山陽の大大名の城郭に勝るとも劣らぬものであり、一八万石の中堅大名にしては分を過ぎた大城郭であった。

■惜しくも解体された天守

津山城天守は、明治の廃城の際に解体されたため現存しないが、明治初年の写真が残っている。それによると第一重から第四重までは順次に逓減した安定した姿であって、外壁は総塗籠であった。しかし第五重だけは逓減《ていげん》せずに四重と同大の平面であって、しかも外壁を板張としていた。

一方、「正保城絵図」に描かれた天守の姿はそれと異なり、第五重は高欄を巡らせ、その分だけ第四重よりも平面が小さくなっており、さらに第四重の屋根だけは板葺とされている。津山城の「正保城絵図」は、櫓や城門の姿の描写が正確であって、明治の古写真と対照してみると、建物の階数、屋根の形式や棟方向などを実情通りに描き出していることが確認できる。また各建物には桁行と梁間の間数まで記入されており、数多くある「正保城絵図」中では最も信頼できるものである。

津山城復元模型（津山郷土博物館蔵）
三浦正幸建築設計。津山城の150分の1の復元模型。明治初年の古写真11枚、櫓や城門の立面を正確に描出した「正保城絵図」、江戸後期の「天守指図」（各階平面図）及び「津山城本丸図」（本丸御殿指図）、「津山城絵図」（建物と石垣の正確な配置図）、各建物の寸法を記した「美作小鏡」などから往時の姿を学術的に正確に復元している。

したがって、天守の第五重の形式についても「正保城絵図」を信頼してよいであろう。そうすると明治の古写真に見える姿は、正保年間（一六四四～四八）以降の改造を受けたものということになる。

津山城天守の平面については、弘化四年（一八四七）に作成された各階の指図が残っており、内部の間取り、柱の配置、窓や階段の位置などを詳しく知ることができる。

天守内部は、地階を除く各階に武者走りである庇を巡らせ、二階には御調台の間、五階に上段の間を設けるなど籠城時の城主の居室も調えてあり、一階四隅に石落、五階を除く各階に多数の鉄砲狭間と弓狭間が開き、実戦的な建築であった。なお、丹波亀山城天守と外観がよく似ており、両者の関連性にも注目したい。　（三浦正幸）

北西から見た津山城古写真（津山郷土博物館蔵）
明治初年の撮影。明治6年に天守以下の建物が取り壊された。

津山城遠望（(津山市教育委員会提供）
平成25年8月、美作国建国1300年記念事業で期間限定の模擬天守（実物の2分の1の大きさ）が再現されたときの情景。

高取城——天守や櫓を建て並べ、大和を見晴るかした巨大山城

現況を見る

壺阪寺から続く高取山山頂に広がる高取城には累々たる石垣が残っている。天守台に立つと、峻険な高取山の縄張・曲輪の配置の見事さを知るとともに北に大和三山が望まれる

●築城年／天正 13 年（1585）　●築城主／豊臣秀長　●所在地／奈良県高市郡高取町
●交　通／近鉄吉野線壺阪山駅下車。壷阪寺行き奈良交通バス壷阪寺下車。徒歩約 60 分

高取城空撮（高取むげん塾提供）
竜門山系の標高 583.6 メートルに築かれた山頂の本丸は、二段となり、
上段天守曲輪北西隅に三重天守、南西隅に小天守が建てられ、多聞櫓
によって接続していた。

高取城

CG復元

石垣が多量に使われた巨大山城

山上の広大な城域には白く輝く三重天守をはじめ、数多くの櫓・門が設けられ、石垣が累々と曲輪を巡っていた。高取城は規模も縄張も日本最大級の山城であり、正に圧巻の眺めであった

高取城鳥瞰CG復元（制作／奈良産業大学〈現・奈良学園大学〉）
山麓の二の門から高低差約100メートルに建つ本丸や二の丸、約50の武家屋敷、そして堅固な石垣上に建つ27の櫓群がかつての威容を偲ばせる。

● CG復元について／2006年奈良産業大学（現・奈良学園大学）「高取城CG再現プロジェクト」が、「高取御城規」という古文書から書き起こした194カ所の建物の復元図などを参考に制作した。

本丸
吉野口郭
侍屋敷
侍屋敷
三の門
三の門櫓
水堀

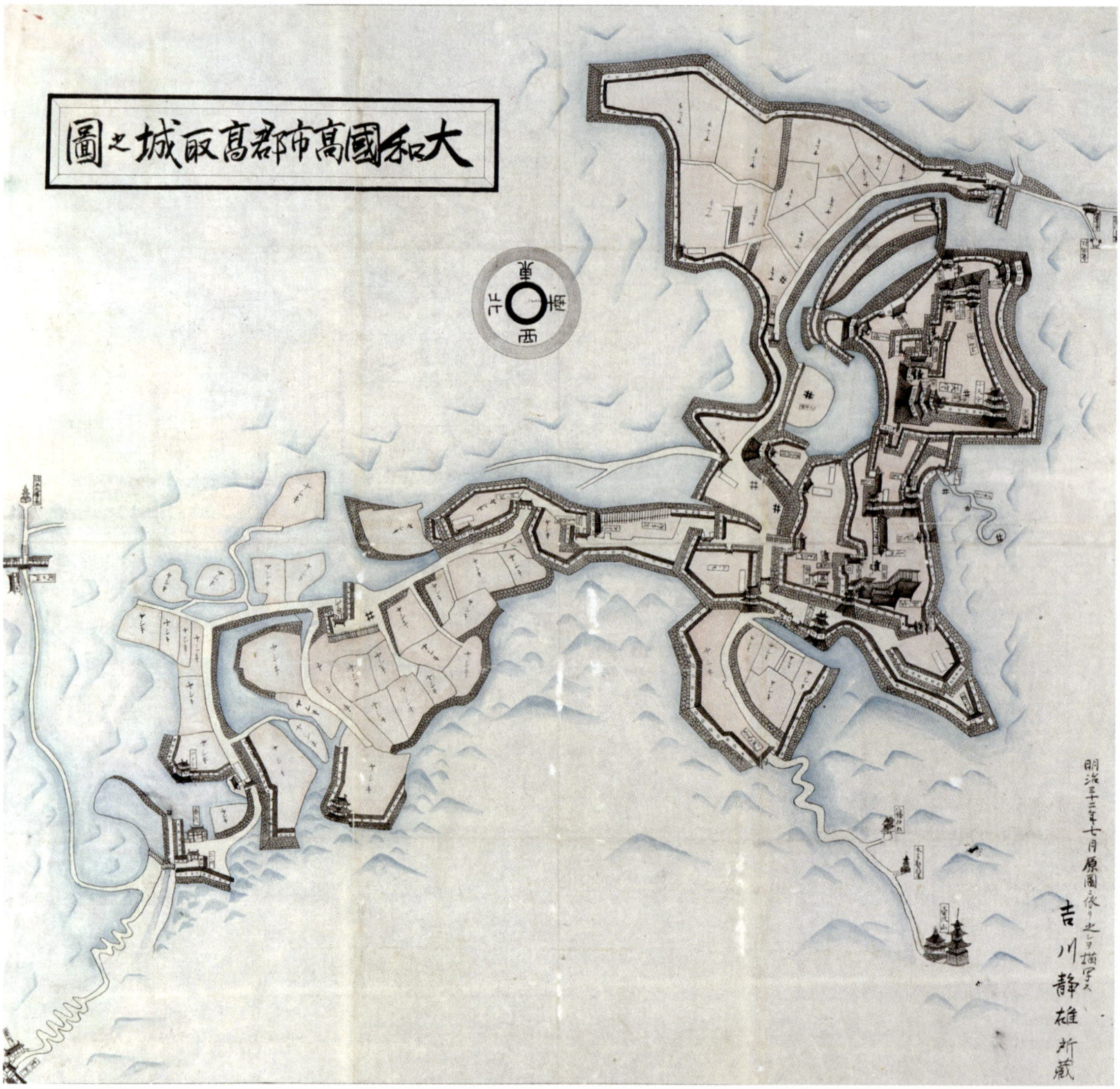

「大和国高市郡高取城之図」
（奈良県立図書情報館蔵）
明治 32 年 7 月に「原図ニ依リ之レヲ描写ス」と記された高取城縄張図。図中には、大手筋入口の黒門、北門にあたる岡口門、搦手の吉野口門、西の壺阪口門から壺阪山までを描いている。

太鼓櫓・新櫓の石垣（高取町提供）
本丸と二の丸の間、本丸の手前に位置する石垣跡で、石垣上には太鼓櫓・新櫓が建てられていた。昭和 47 年に修復された。

高取城鳥瞰CG復元（制作／奈良産業大学〈現・奈良学園大学〉）

高取城は山頂に構築されていた中世城郭を、そのまま石垣で固めた近世城郭に造り変えた城である。その曲輪の配置は堅固で見事なものである。

高取城本丸周辺 CG 復元（制作／奈良産業大学〈現・奈良学園大学〉）

本丸は二段から構成され、上段の本丸上郭には三重天守と小天守（三重）、硝煙櫓（三重）をはじめ、具足櫓（二重）、鉛櫓（一重）、鐙櫓（一重）などの諸櫓が多聞櫓と土塀で結ばれていた。

高取城本丸 CG 復元と古写真

（制作／奈良産業大学〈現・奈良学園大学〉・写真／高取町教育委員会蔵）

右は廃城になる前の明治期に撮影された写真。大手門前の古写真の上部分に見える二重櫓が太鼓櫓。左の復元 CG の赤枠部分を撮影したものと思われる。

高取城本丸 CG 復元

（制作／奈良産業大学〈現・奈良学園大学〉）

城内最大の高さ約 12 メートルを誇る天守台石垣上に三重天守が建つ。

巨大な城域をもった山城

高取城は南北朝時代、越智氏によって標高五八三メートルの高取山に築かれ、堅固さを誇った。天正十三年（一五八五）に豊臣秀長が百万石の「大和宰相」として大和郡山城に入城すると、高取城は郡山城の支城として、家臣本多利久・俊政父子により文禄年間（一五九二〜九六）、大改修の手が加えられることになる。本多氏が取りつぶしとなった後は、植村家政が入り、以後明治まで植村氏が続いた。

城の特色は石垣で構築された巨大な山城であることと、山上に天守、櫓、門など多数の建築物を構えた城であったことである。櫓は三重櫓、二重櫓、平櫓などが二十数基あり、門は二の門、吉野口門、宇陀《うだ》門、大手門、壺坂口門など十余りあった。城は山頂の本丸、二の丸、三の丸などからなる主要部の「城内」と、城内の北方の武家屋敷などが置かれた「郭内」に二分されていた。「城内」は大手ルートの二の門と、壺阪寺方面の壺阪口門、吉野方面の吉野口門の三つの門の内側の区域を指していた。

本丸は二段から構成され、上段の天守曲輪には三重天守と小天守が築かれて多聞櫓で結ばれていた。本丸の西に二の丸、その北方に

南西から見た高取城本丸 CG 復元（制作／奈良産業大学〈現・奈良学園大学〉）
空から見下ろした状態での復元ＣＧ。図の左端の弓状の石垣は、本丸南側の石垣である。

高取城本丸 CG 復元
（制作／奈良産業大学〈現・奈良学園大学〉）
現存する天守台跡に天守が再現されている。

三の丸が置かれていた。また、本丸の東方と西方には両翼を形成するような形で吉野口郭と壺坂口郭が配された。

なお江戸時代、城の石垣は新規の築造はもちろん、石垣や堀などわずかな修復でも該当する箇所や状況などを細かに幕府に提出したうえで、許可を得る必要があった。しかし高取城については、植村氏が徳川譜代の旗本であったことと、城が広大な山上にあって、破損することも多いと思われることによって「常普請」が認められていた。「常普請」とは、現状維持のための石垣などの修復であれば、特に幕府の裁可を得ずに行ってもよいというもので、これも高取城の城域が極めて大きな広がりをもっていたことを示している

■天空の高取城、威容再現

高取城鳥瞰復元ＣＧは、平成十八年に奈良産業大学（現・奈良学園大学）情報処理センターの片岡英己専任講師と学生グループが制作したもので、城域の周囲が約三キロメートルにも及ぶ、日本最大級の山城の姿が鳥瞰的に細部まで再現されている

本丸、二の丸、三の丸などの曲輪群が高取山上に展開し、天守や二十数基の櫓、屋敷などが建ち並ぶ様は壮観の一語に尽きる。

（片岡英己）

彦根城——徳川四天王直政から代々受け継いだ国宝の城

現況を見る

彦根城を本丸まで駆け上がると、そこには国宝天守が聳える。城内には天守をはじめ天秤櫓、太鼓門櫓、西の丸三重櫓、二の丸佐和口多聞櫓、馬屋などが今も美しく保たれている。また、表御殿、二の丸佐和口多聞櫓の一部が再建されている

彦根城空撮（撮影／中田真澄）
彦根城は琵琶湖の東岸、比高約46メートルの独立丘陵の彦根山に位置する。本丸をはじめ、内堀に囲まれた主郭の大部分がよく残っている彦根城は、城郭愛好家には必見の城である。

●築城年／慶長8年（1603）●築城主／井伊直継、直孝　●所在地／滋賀県彦根市金亀町
●交　通／JR東海道本線彦根駅下車。徒歩15分

玄宮園
楽々園
天守
本丸
西の丸
西の丸三重櫓
山崎曲輪
観音台
山崎口
内堀
二の丸

彦根城大手口 CG 復元（制作／成瀬京司）
佐和口多聞櫓に似た二重櫓・多聞櫓、その右に大手口桝形の櫓門。橋を渡ると、大手門桝形の高麗門。

彦根城——武勇の誉れ高い井伊氏に与えられた軍事拠点

CG 復元

標高 136 メートルの山上に本丸・西の丸があり、東の尾根伝いに鐘の丸がある。鐘の丸は城内一堅固な郭と言われ、大広間御殿と御守殿の二つの建物があった

●CG復元について／「御城内御絵図」や『重要文化財彦根城天秤櫓太鼓門及続櫓修理工事報告書』はじめ、滋賀県教育委員会の調査報告書を参考に制作された。

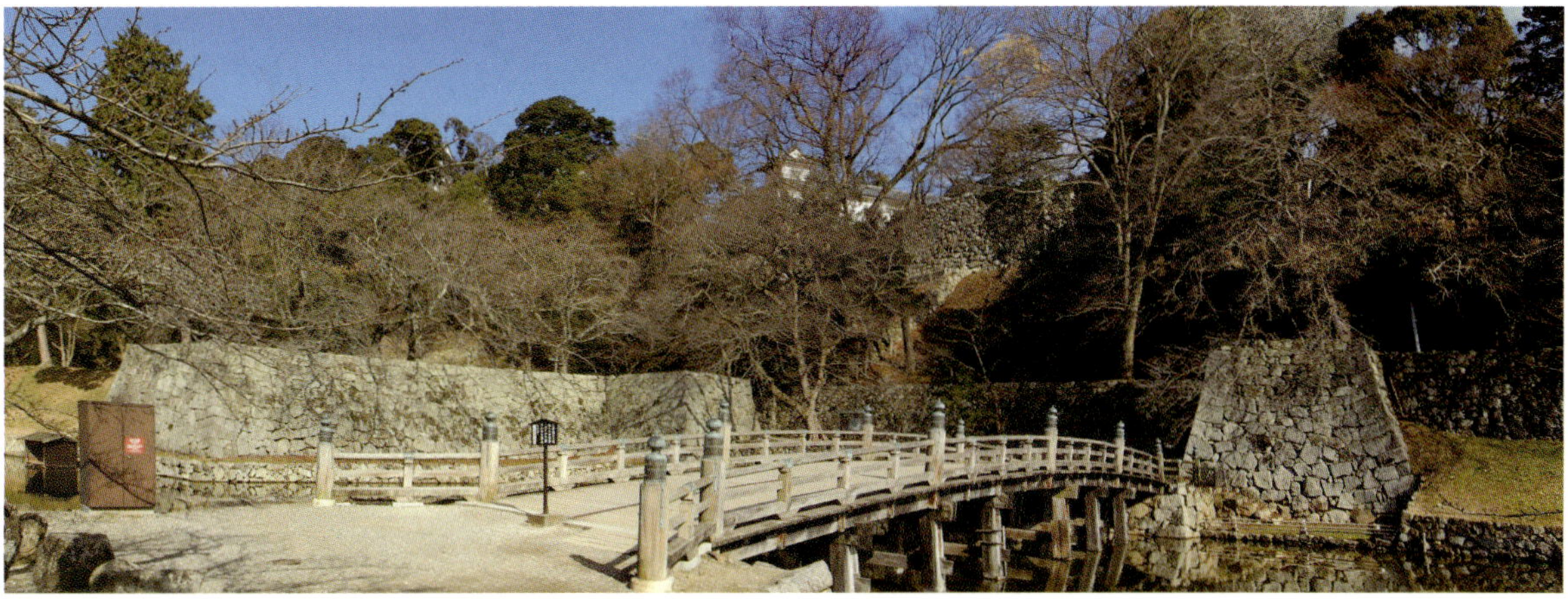

彦根城大手口（撮影／成瀬京司）
築城当初に彦根城の正面として築かれた門。豊臣大坂城や西国大名を意識して西の守りを固める意図があったと考えられている。後に現在の表門が実質の正門（大手門）になった。現在は石垣上の櫓や土塀はないが、山上の鐘の丸石垣と天秤櫓が見える。

彦根城大手口からの天守遠望（撮影／成瀬京司）
現存する国宝天守、重要文化財の天秤櫓、太鼓門櫓を見渡せる唯一の景観スポット。

二の丸京橋口（彦根市立図書館蔵）
明治９年の撮影。

二の丸京橋口（撮影／成瀬京司）
京橋口門は、第二郭の重臣屋敷と第三郭の本町筋の間に設けられ、内堀の大手門にも通じる要所に位置している。

彦根城大手口から見た天守遠望 CG 復元（制作／成瀬京司）
山下右手は大手門桝形。その左手は米蔵が建ち並んでいた。山上の本丸の天守や御殿、太鼓櫓ほか数多くの櫓や白壁の塀が連なっていた。

彦根城二の丸京橋口 CG 復元（制作／成瀬京司）
京方面からの正式な門として城内最大の規模を誇った桝形門。高麗門と土塀で隔てられた桝形の左手に二重二階の櫓門がある。

彦根城鐘の丸遠望 CG 復元（制作／成瀬京司）

鐘の丸遠望（撮影／成瀬京司）
石垣の上に土塁を盛った腰巻石垣や、土塁の上に石垣を築いた鉢巻石垣が見られる。

彦根城黒門櫓 CG 復元（制作／成瀬京司）
黒門は水手黒門口と呼ばれ、彦根城搦手の櫓門。櫓の中央部を二重櫓とする珍しい形式の門。右上写真は黒門口現況。右下写真は明治期に撮影されたもの。

井伊直政の築城構想

小田原の陣後の天正十八年（一五九〇）、徳川四天王の一角、井伊直政は一二万石を給されて上野箕輪城に入った。直政はさらに、近世城郭の構築を目指し、信濃・越後方面と関東を結ぶ交通の要衝和田の地にあった和田城跡に新城（高崎城）の築城を開始する。

慶長五年（一六〇〇）、関ケ原の戦いが起こると、直政は赤備え軍団を率いて奮戦。だが、島津義弘軍退却時の戦闘で銃創を負う。

翌年には、石田三成の近江佐和山城を与えられ一八万石で高崎から移る。だが、直政は石田色を避けたのか、あるいは、より広大な城郭を求めたのか、新しい城の造営を構想した。しかし翌年、関ケ原の戦いで受けた銃創がもとで急死、四十二年の生涯を閉じる。

現存天守は大津城から移築

家督を継いだ長子直継（直勝）は、同八年から、直政の遺志を継ぎ（実際には幼少の直勝に代わって、家老の木俣守勝が指揮）、彦根山に築城地を決定する。家康はこの築城計画を認め、伊賀、伊勢、尾張、美濃、飛騨、若狭、越前七国、一二大名に普請助役を命じ、造営が開始された。以後二十年の年月を費やして天下普請で造営され、佐和山城、大

側面から見た彦根城京橋口CG復元（制作／成瀬京司）
彦根城の中堀に面した4つの城門の1つが京橋口門である。京橋口門の高麗門の両側に多聞櫓が伸びている。

京橋口（撮影／成瀬京司）
城の石垣と水堀の間にある細長い通路「犬走り」が見える。彦根城は、石垣の積み方や石垣の使われ方が多様であることが特徴の一つでもある。ぜひ石垣に注目。

津城、長浜城、安土城などから、また近辺の豊臣方の廃城に使われていた石材ほかの部材も集め、天守はじめ櫓なども移築した。

同十一年には城域の中核部が完成、大津城四重天守を移築して三重三階に改めた小振りだが壮麗な天守があがり、直勝はこの新城に入った。だが、全体の築城普請は元和元年（一六一五）、病弱の直勝に代わって藩主となった直孝が引き継ぎ、以後も続けられていった。こうして、井伊家は彦根藩主として、明治に至るまでこの地にこの城とともにあった。城主の多くは時の幕政の中枢を担い、ことに有名な直弼などをはじめ、五人が大老を務めている。

■破却、戦災を免れる

明治の廃城令ののちも彦根城は天守をはじめ主要構築物の破壊を免れている。また、戦時中の空襲による大きな被害もなく、天守は昭和二十七年、城郭として最初の国宝指定を受けた。天守以外も重要文化財に五件指定されているほか、国特別史跡、国指定名勝にも指定されている。

現存する主な遺構は天守、天秤櫓、太鼓門櫓、西の丸三重櫓、二の丸佐和口多聞櫓、馬屋、本丸、西の丸、山崎曲輪、太鼓丸、鐘の丸など多数にのぼる。

（服部　崇）

篠山城遠望（篠山市提供）

篠山城――当代一流の築城家藤堂高虎による鉄壁の防御の城

現況を見る

徳川家康の号令一下、20もの大名家によるハイピッチの天下普請で篠山城は築かれた。シンプルな縄張ながら、本丸と二の丸を取り巻く壮観な石垣と屏風折れを施した土塀、蟻一匹入り込む余地のない馬出つきの桝形虎口などを見る

篠山城大書院（篠山市提供）
篠山城築城と同時に創建されたが惜しくも昭和19年に焼失。平成12年に復元された。

●築城年／慶長14年（1609）●築城主／徳川家康 ●所在地／兵庫県篠山市北新町
●交　通／JR福知山線篠山口駅下車。篠山営業所行きバス二階町下車。徒歩3分

篠山城空撮（篠山市提供）
篠山城は「笹山」という小独立丘を曲輪に取り入れた平山城である。築城の候補地として、王地山、笹山、飛の山が上げられたが、徳川家康は「笹山の東に王地山のあることは、武運長久、幸の前兆なり。急ぎ城郭を築くべし」と裁断したと伝えられる。

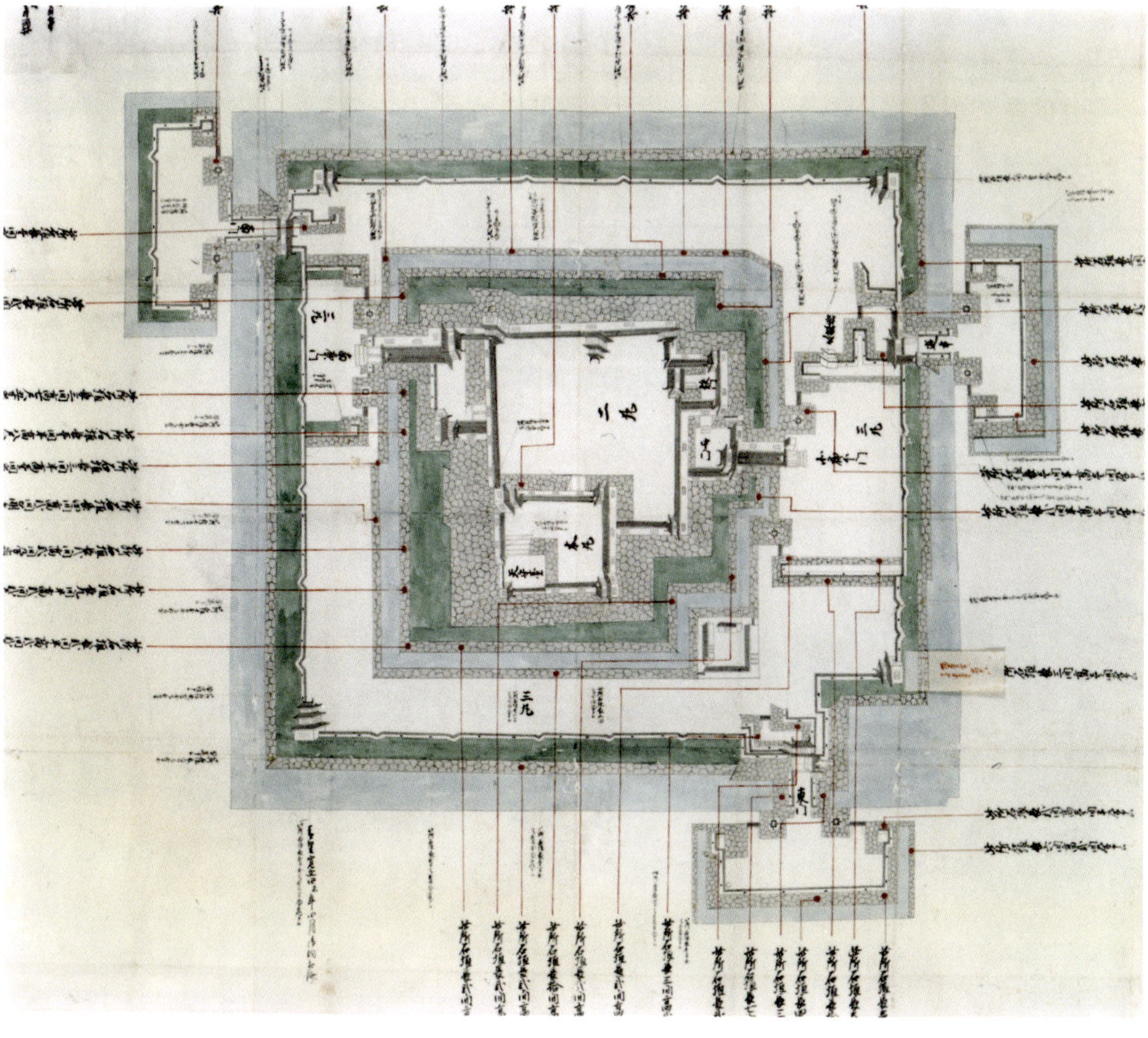

「丹波国篠山城図」（篠山市教育委員会蔵）
享保3年（1718）の年号が入り、篠山藩主松平信岑の時代のもの。現存する篠山城石垣修理絵図の中では最も古い。三の丸米蔵の石垣が崩れたので、幕府へ修理の伺いを出した際の控えである。絵図は民家の土蔵から発見された。

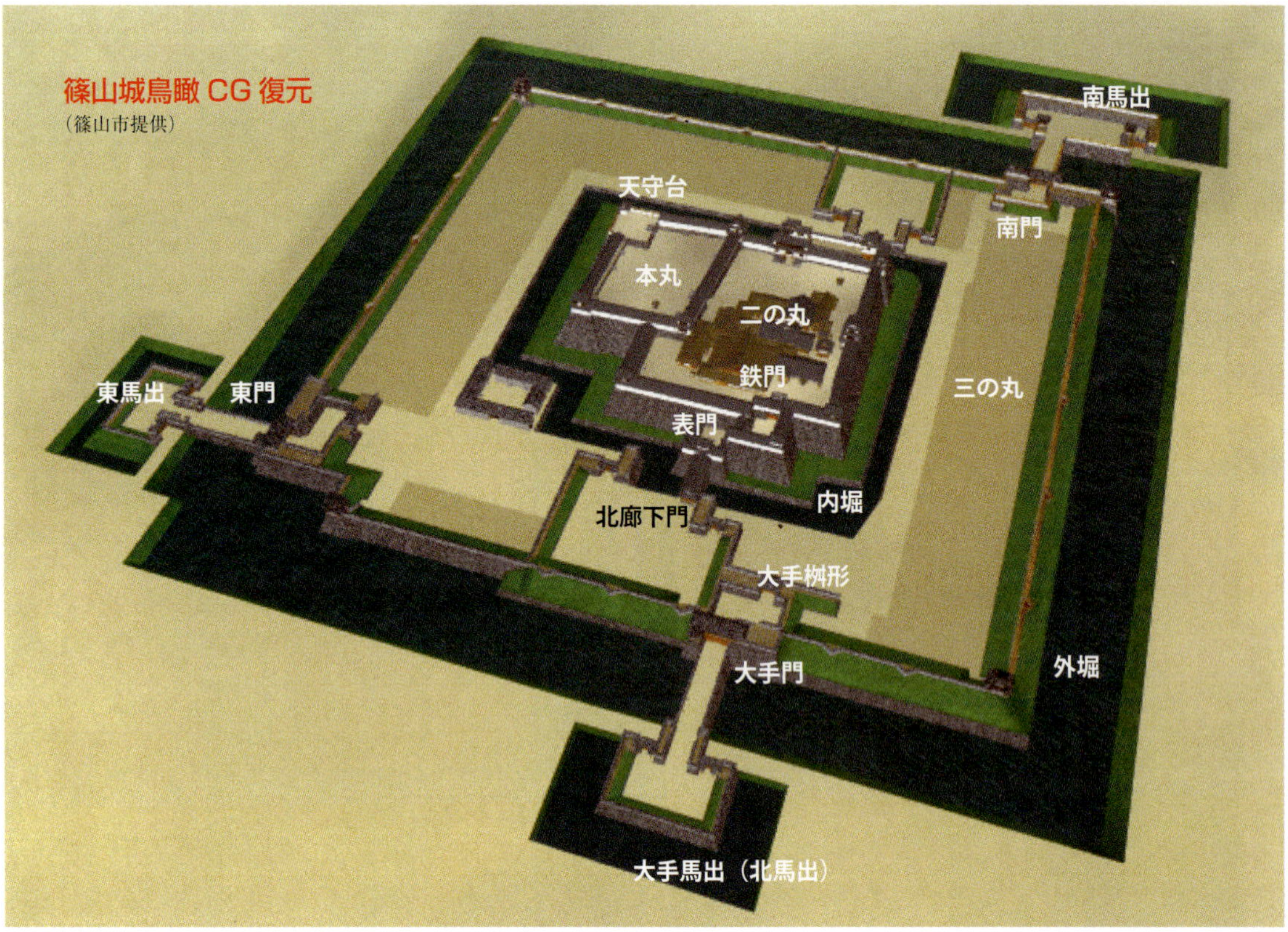

篠山城——西国の鎮めとして重きをなした城

CG 復元

城は輪郭式と梯郭式を併用した縄張で、城の三ヵ所の虎口は全て角馬出で強化している。姫路城・名古屋城が築かれた慶長中期の最高域に達した築城技術を活かした城である

徳川家康による築城

関ヶ原の戦い後の慶長十四年（一六〇九）、徳川家康は豊臣氏の大坂城と豊臣恩顧の西国大名を牽制するため、丹波国の篠山盆地に新城の築城を命じた。城は丹波以西の二〇の外様大名に助役を命じた天下普請で行われた。城主には家康の実子ともいわれる松平康重を入れ、縄張奉行は藤堂高虎、普請総奉行は池田輝政が務めた。工事は慶長十四年三月に着

篠山城二の丸御殿全景 CG 復元（篠山市提供）

● CG 復元について／「丹波国篠山城絵図」、「丹波笹山城之絵図」、「丹州篠山城郭之絵図」、古写真などの資料や篠山市教育委員会の資料を参考に復元している。

三の丸から二の丸大書院
（一般社団法人ウイズささやま提供）
明治10年の撮影。正面の石垣は北廊下門・表門跡。その奥が大書院。

篠山城大手門周辺CG復元
（篠山市提供）
大手馬出、大手門、北廊下門を通って二の丸、本丸へと続いた。

篠山城北廊下門と三の丸北桝形CG復元
（篠山市提供）
三の丸北桝形の高麗門を抜けると、北廊下門との間にある門（棟門か高麗門）を抜けて、北廊下門に到着する。棟門前では四周を土塀で防備された石垣上から狙撃される仕掛けになっていた。

篠山城北廊下門と二の丸多聞櫓CG復元
（篠山市提供）
北廊下門は多聞櫓形式に属するもので、三の丸から二の丸の間の緩い勾配の土橋の上に建てられた細長い建物。北廊下門を通って二の丸の二つ桝形を経て鉄門から二の丸へ上った。

工し、本丸・二の丸の石垣の完成までわずか六か月という驚くべき迅速さで進められた。

篠山城は高石垣で囲んだ本丸と二の丸の周囲に、土塁と石垣で造成された三の丸が置かれた。本丸と二の丸は石垣上に多聞櫓を巡らし、隅部などに三重櫓、二重櫓を配備した。本丸の南東隅には見事な高石垣の天守台が築かれたが、天守は建てられなかった。二の丸には大書院、小書院、城主居館などが営まれた。三の丸は三つの虎口と屏風折れの土塀を建てた石垣で守備を固めていた。虎口はいずれも桝形を構成して前面には馬出を構え、侵入は不可能と思えるほどで、正に篠山城の堅牢さをいかんなく象徴していた。

今も本丸・二の丸の高石垣や東虎口・南虎口の構えがよく残されており、近年、二の丸に大書院が復元された。

篠山城の石垣修理

篠山城の石垣は、廃城後に建物の解体とともに石垣や石材がはずされ持ち去られたりしたためか、明治期には二の丸北側石垣が崩壊し、七十年余り崩れたままの姿であった。その後、昭和三十一年の史跡指定を契機に石垣修理は国・県の補助を受け、十数回に渡って本丸・二の丸の高石垣を中心に工事を実施、平成十年に完了した。

（吉谷純一）

大和郡山城——大国大和を統治する総構の大城郭

CG復元

豊臣秀長は大和に入国すると、ただちに大和郡山城の大規模な修築に取りかかった。秀長の築造した巧みな縄張をもつ内郭部と、後に造営された外郭部である城下町などを取り巻く総構に堅牢な大城郭を見る

大和郡山城天守CG復元（制作／奈良産業大学〈現・奈良学園大学〉）

想定される大和郡山城天守は外観五重、内部五階の豪壮な天守である。一階の平面は南北8間、東西7間、柱間は7尺。宮上茂隆氏の研究によれば、天守は、豊臣秀長が着手したが地震で中断、その後、秀保の時代に造営された。文禄４年（1595）秀保は急死したが、その後、天守は二条城に移築したとされる。宮上氏はその根拠として、二条城の造営にあたった家康御大工中井正清配下の法隆寺大工平政隆の覚書『愚子見記』にその移築を記していることをあげる。この天守は寛永２年（1625）に二条城から淀城に移築されている。

●築城年／天正８年（1580）　●築城主／筒井順慶　●所在地／奈良県大和郡山市城内町
●交　通／近鉄橿原線大和郡山駅下車。徒歩３分

大和郡山城本丸白沢門 CG 復元
（制作／奈良産業大学〈現・奈良学園大学〉）
二の丸毘沙門郭前にある本丸白沢門。門は櫓門形式で、最も重要な虎口に設けられたタイプである。

大和郡山城天守台空撮（大和郡山市提供）
近年、崩落の恐れがあった天守台の石垣の修復と展望施設の整備が完了した。天守台展望施設からは、大和郡山の町並みとともに、平城京大極殿・薬師寺・若草山までを望むことができる。

追手門（梅林門）（大和郡山市提供）
明治 6 年に廃城令により建物は取り壊されたが、昭和 55 年に築城 400 年を記念して復元された。

● CG 復元について／奈良県大和郡山市と奈良産業大学（現・奈良学園大学）が連携し、大和郡山城を CG で再現するプロジェクトにより制作されたもの。

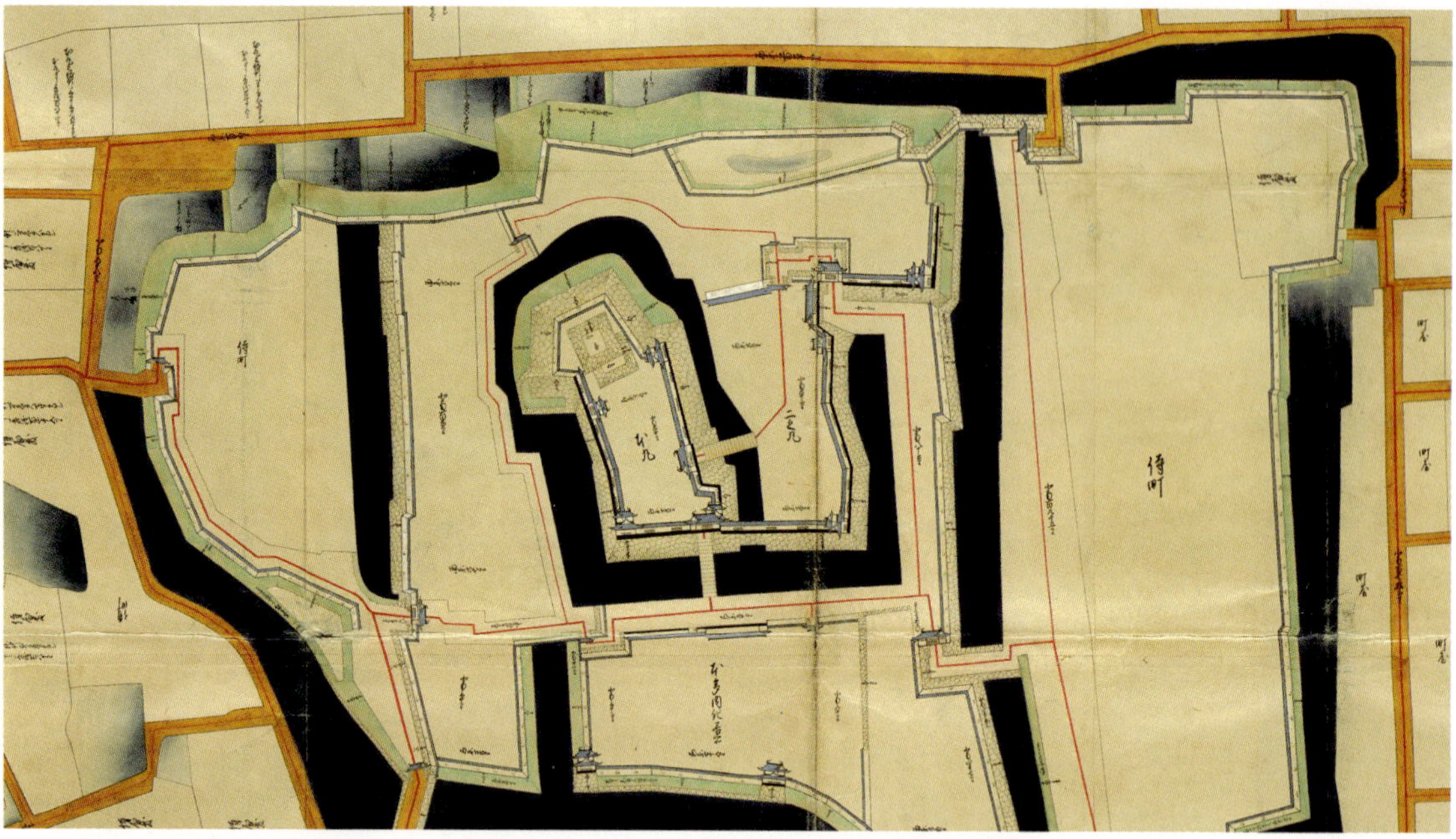

「和州郡山城絵図」（部分）
（国立公文書館蔵）
正保元年（1644）に幕府が諸藩に命じて作成させた城絵図。城郭内の建造物、石垣の高さ、堀の幅や水深などの軍事情報などが精密に描かれているほか、城下の町割・山川の位置・形が詳細に記載されている。この時期、毘沙門郭を二の丸と標記されている。

大和郡山城空撮
（大和郡山市教育委員会提供）
本丸と毘沙門郭が往時を偲ばせる。毘沙門郭は「和州郡山城絵図」では二の丸と標記されている。

天守は存在したか否か

大和郡山城は天正八年（一五八〇）に大和支配を成し遂げた筒井《つつい》順慶《じゅんけい》が、本城として築城したのが始まりである。順慶没後、天正十三年に豊臣秀長が大和・紀伊・和泉三カ国の大守として郡山城に入城。秀長は大規模な修築工事を開始し、これにより郡山城の中核がほぼ整ったとされている。秀長のつぎの城主増田長盛《ましたながもり》のときの慶長元年（一五九六）に、城と城下町を取り囲む総延長五・五キロメートルの総構が完成し、郡山城はほぼ完成を見る。

郡山城は西ノ京丘陵の南端に立地する。本丸（天守郭）、二の丸、毘沙門郭《びしゃもんくるわ》、麒麟郭《きりんくるわ》、玄武郭などから構成される内郭の回りを内堀が巡り、その周囲を侍屋敷や城下町が配された外郭が取り巻いた。これらの内郭と外郭を広大な外堀がぐるりと取り囲んだ総構の城であった。

本丸の北端に天守台が築かれているが、石垣は松平忠明が築造した元和～寛永期（一六一五～四四）のもので、石地蔵や墓石、平城京羅生門の礎石と伝える巨石なども使用されている。秀長により天守が建てられたというが、実態は不明である。

享保九年（一七二四）に柳沢吉里《やなぎさわよしさと》が甲斐の

大和郡山城本丸周辺 CG 復元
（制作／奈良産業大学〈現・奈良学園大学〉）
北西方面から天守を中心にした城を見る。城は天守台のある本丸と二の丸に石垣を築くほかは土塁として、水堀を巡らした。二の丸には藩主が住む御殿があった。

追手東隅櫓と多聞櫓
（大和郡山市教育委員会提供）
追手門の向かい側にある櫓で、二重の東隅櫓は敵兵の物見と、横矢の守備をする重要な櫓であった。かつては時を知らせる太鼓が置かれていた。昭和 62 年に再建された。

国から郡山に封ぜられ、明治維新を迎えるまでの間、柳沢氏が代々この地を治めた。

現在、本丸と毘沙門郭は公園として整備されている。各所に石垣がよく残り、追手門や櫓などが復元されている。

■大和郡山城再現CG

再現したCGは天守も含め、郡山城と城下町が最も栄えていた時代である豊臣秀長、秀保の治めていた一五九〇年頃を想定して制作されている。再現範囲は、国立公文書館所蔵の「和州郡山城絵図」を参考にした。当時は一時的に天守も存在したと言われており、天守については宮上茂隆氏による大和郡山城天守の復元図があり、これを元に天守の再現を行った。ただし、外装は下見板張としているが、これは現在実際に復元されている追手門と追手向櫓などの外観に合わせるように作成している。

城内の堀などは現存しており、堀の深さや石垣の高さはレーザー計測の情報を元に再現している。城下町については「和州郡山城絵図」に基づいて町の区割りを再現し、詳細な区割りについては米田弘義氏による「大和郡山城ばーずあい」を参考にした。土地全体の高低差は大和郡山市基本図の標高点を参考にしている。

（片岡英己）

江戸城

現況を見る

三度造営された巨大天守

広く深い堀、主要部にあがった隅櫓。どれも立派なもの。東御苑（本丸跡）の天守台からの眺望は、江戸城総構のスケールの大きさを分からせてくれる。これを実感するには、牛込見附、赤坂見附、市ヶ谷見附など外堀の桝形門跡の石垣を探訪するのもいい

江戸城空撮（撮影／中田真澄）
江戸城の城域は、現在皇居となっているが、本丸、二の丸と、三の丸の一部を皇居東御苑として一般公開している。見学するには、大手門、平川門、北桔橋門から入城する。なかでも本丸には巨大な天守台が残されており、天守台に上がると建てられていた天守の大きさが実感できる。

●築城年／慶長８年（1603）　●築城主／徳川家康　●所在地／東京都千代田区千代田
●交　通／JR 東海道本線東京駅下車。徒歩５分

北の丸
北桔橋門
天守台
西の丸
本丸
白鳥堀
二の丸
大番所
百人番所
中の門
富士見櫓
坂下門

江戸城——三代将軍家光が築いた史上最大の天守

CG復元

天守は外観五重、内部地上五階、地下一階の層塔型天守。天守台を含めた総高約五八メートルは二〇階建てビルに匹敵する。徳川三代が、約半世紀にわたる長期の天下普請により築かれた江戸城は、天守、櫓、城門の規模はもちろん日本の諸城郭の城域をも凌いでいる

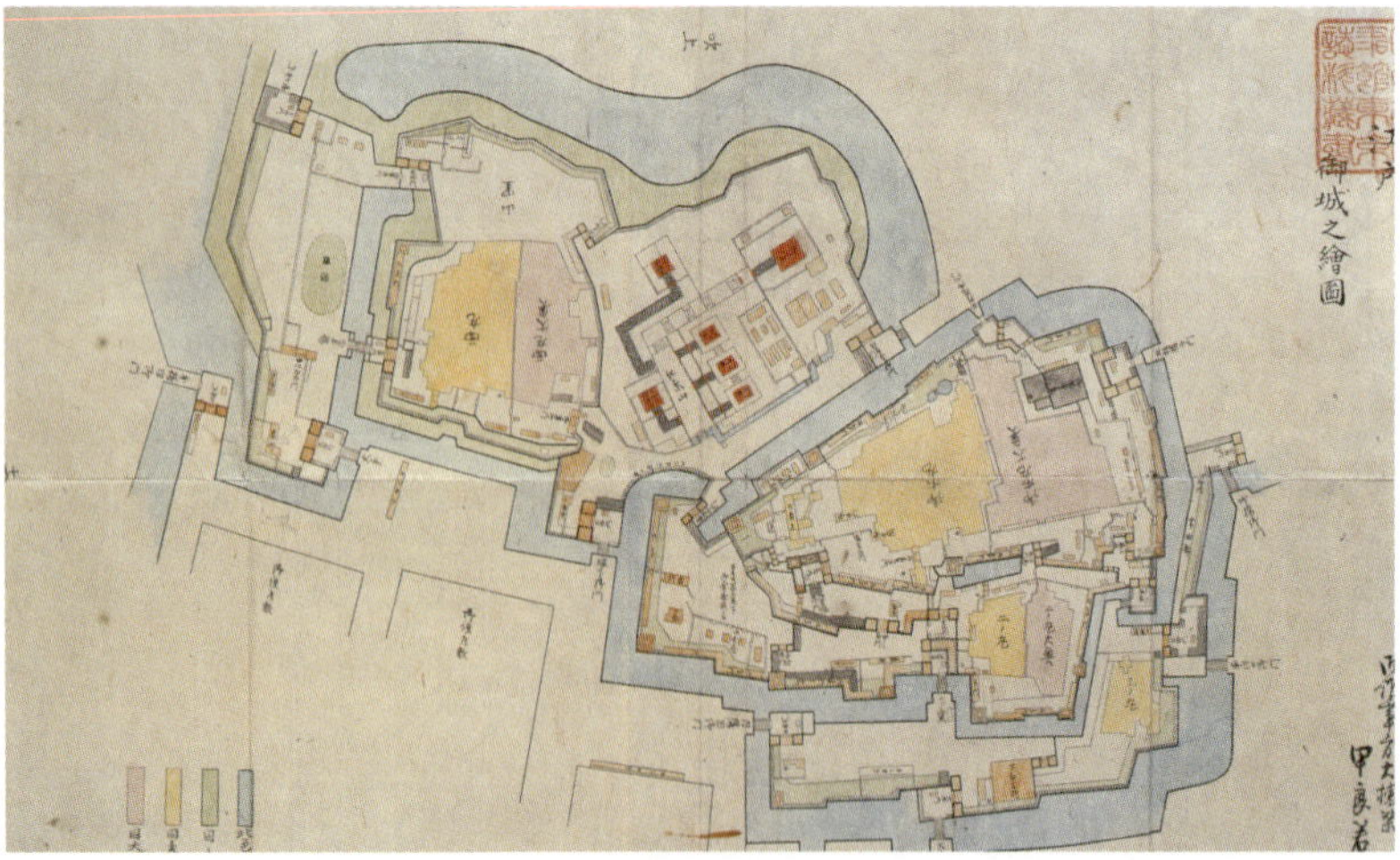

「江戸御城之絵図」（都立中央図書館特別文庫室蔵）
江戸城の本丸・二の丸・三の丸や紅葉山・西の丸などの内郭を中心に描いた図。

南東から見た江戸城空撮（撮影／中田真澄）
江戸城を取り囲む水堀に沿って一周歩いてみると、より江戸城を知ることが可能になる。

現存する富士見櫓（撮影／中田真澄）
天守が明暦の大火で焼失した後、江戸城の天守の代用とされた三重櫓。

江戸城鳥瞰ＣＧ復元（左）
（制作／3KIDS　CG　長尾美知子）
３代将軍徳川家光時代の江戸城本丸・二の丸・三の丸を現代の情景に合成して往時の姿を再現した。

● CG 復元について／「江戸城本丸御表御中奥御殿向御櫓御多門共惣絵図」、「江戸御城之絵図」、古写真、「武州類従図覧　二之丸之図」、「江府御天守図」などの資料を参考に復元している。

二の丸蓮池巽三重櫓前から下乗門方向を見る（日本大学芸術学部蔵）
明治初期・ベアト撮影。左より蓮池巽三重櫓、玉薬多聞、右に張り出して御弓多聞、寺沢二重櫓、下乗門枡形の多聞、さらに張り出して巽奥三重櫓（遠方の三重櫓）と続く。蓮池巽三重櫓の規模は7間×6間。明治3年の火災で惜しくも焼失した。

北の丸
天守
梅林二重櫓
梅林門
平川堀
平川門
西桔橋門
東照宮
汐見坂門
台所前三重櫓
本丸
二の丸
東三重櫓
数寄屋二重櫓
西の丸
御書院門
下乗門
下乗橋
巽奥三重櫓
百人番所
中の門
百人二重櫓
大手堀
富士見三重櫓
蓮池二重櫓
蓮池門
三の丸
大手門
寺沢二重櫓
御弓多聞
玉薬多聞
桔梗堀
坂下門
蓮池巽三重櫓
桜田巽櫓

江戸城中の門 CG 復元（制作／成瀬京司）
二の丸から本丸を仕切る渡櫓門。大きな切り石を隙間なく積む「切込はぎ布積」で築かれた石垣上に櫓門が建つ。本丸を目の前に立ちはだかる権威ある重厚な門構えである。

江戸城中の門（撮影／成瀬京司）
現状は石垣のみの城門であるが、壮大で重厚な石垣が威圧感を醸し出す。

江戸城汐見坂門前から見た台所前三重櫓 CG 復元
（制作／成瀬京司）
本丸高石垣上に建つのは台所前三重櫓。櫓の規模は 7 間× 8 間 3 尺と大きい。現存する富士見櫓は 6 間× 7 間なので台所前三重櫓は富士見櫓より大きかった。

汐見坂門前から見た台所前三重櫓跡
（撮影／成瀬京司）
白鳥堀前の本丸高石垣は家康時代に築造されたもの。左の低地は二の丸。

白鳥堀から見た汐見坂門（撮影／成瀬京司）
現在の汐見坂門。右手に高石垣、左手には白鳥堀がある。

家康入部以前の城

鎌倉期に秩父平氏の流れで武蔵国の国人、江戸氏が築いた館が発祥とされる。江戸氏滅亡後の長禄元年（一四五七）、扇谷上杉氏に属す太田道灌が、敵対する下総の勢力に対抗するためにその地に城を築いた。現在の江戸城本丸、西の丸付近に築かれていたようだ。天守ではないが、三階建ての建築物も建てられ、「静勝軒」と呼ばれたという。その後北条氏の支配下にあったが、天正十八年（一五九〇）小田原の陣で北条氏が実質的滅亡を遂げると、北条氏の関東六ヶ国を秀吉から与えられた徳川家康が入部し、この「城」に入る。この頃の城は、土塁を巡らせた曲輪の中に荒れ果てた居館が建つばかりの中世的なものだったようだ。

当時の江戸は日比谷のあたりまで大きく江戸湾が湾入した海で、湿地や浅瀬が続いていた。

江戸城本丸汐見坂門 CG 復元（制作／成瀬京司）
汐見坂右手（櫓門側）の高石垣はすき間のない切込はぎ積なのに対して左手の石垣は、見た目にも粗い、打込はぎ積で、徳川家康築城の慶長期の石垣といわれる。汐見坂門の門構えと形式は、登り坂（桝形）右折で櫓門（多聞形式）であった。

史上最大規模の城郭都市「江戸」

関ヶ原の戦いを終え、天下人となった家康は、慶長八年（一六〇三）、征夷大将軍となり、幕府を開府。以後二百六十年にわたる徳川幕藩体制が続いていく。

翌九年からは天下普請で、城下を含め、総構を構想した大規模な造営工事に着手。神田山（駿河台）を切り崩し、また、工事で出た土砂を利用して日比谷の入り江を埋

江戸城御書院門（撮影／成瀬京司）
御書院門（中雀門）現況。石垣上にはかつて「御書院二重櫓」と「御書院出櫓」の二基の二重櫓が建てられていた。 これは本丸に近い虎口であるため、二基をあげて諸大名に武威を示したのではないかと考えられている。その勇姿は古写真でも見ることができる。

江戸城本丸御書院門桝形 CG 復元（制作／成瀬京司）
中の門を通り左に折れると、方形に切り出した巨石を積んだ豪壮な石垣が見える。ここが御書院門（中雀門）桝形である。 この石垣のはじまりのあたりに、今では痕跡が何もなくなったが、高麗門があった。

江戸城本丸御書院門 CG 復元（制作／成瀬京司）
御書院門（中雀門）桝形の高麗門部分を除き（櫓門紹介のため）描いてある。櫓門の規模は 19 間×4 間と大きい。門構えと形式は登り石段、内桝形･右折で櫓門（多聞形式）。本丸御殿への最後の関門であった。

江戸城御書院門（撮影／成瀬京司）
石垣上の建物は文久 3 年（1863）に大火で焼失している。この櫓門の袖石垣をよく見ると、何やら黒ずんで丸くなっているが、大火で焼けた跡といわれる。

立て始める一方、城域の整備と、加藤清正、藤堂高虎らが担った高度な技法を用いた大石垣の構築が開始される。慶長十一年からは、引き続き本丸、二の丸、三の丸の造成整備と石垣の造営が行なわれた。以後も天下普請は続き、元和六年（一六二〇）には神田山と本郷の間を掘削してここに神田川を導いて外堀とし、この大量の土砂で現在の下町方面を埋立て、主に商人地とした。江戸城の総構が一応の完成を見るのは三代家光の寛永十五年（一六三八）ころになる。

■三度造営された大天守

慶長十二年には五重天守（慶長度天守）も築かれた。天守台を含めた高さ約六〇メートルの巨大なものであったらしい。

天守は以後二度改築・造営されている。二代目の天守は元和九年秀忠の時代に、本丸中央から現天守台の位置に移し、同じく五重の姿で造営されたが、絵画資料などがあるのみで詳細は分かっていない（元和度天守）。寛永十四年家光の時代に改築・造営された三代目の天守（寛永度天守）は、五重五階・地下一階で、天守台を含めた高さは約六〇・六メートルと、日本城郭史上最大のものとなった。

しかし、この三代目天守は明暦三年（一六五七）の大火で焼失。天守台のみ同年中に積

「江戸御城御殿守正面之絵図」・「江戸御城御殿守横面之絵図」
（都立中央図書館特別文庫室蔵）
左図は正面図、右図は立面図。この図は正徳頃の再建計画図と考えられ、寛永度の建築に基づき、石垣の上に五層五階、銅板黒塗りの壁、千鳥破風、唐破風を配し、絵画的表現で描いている。

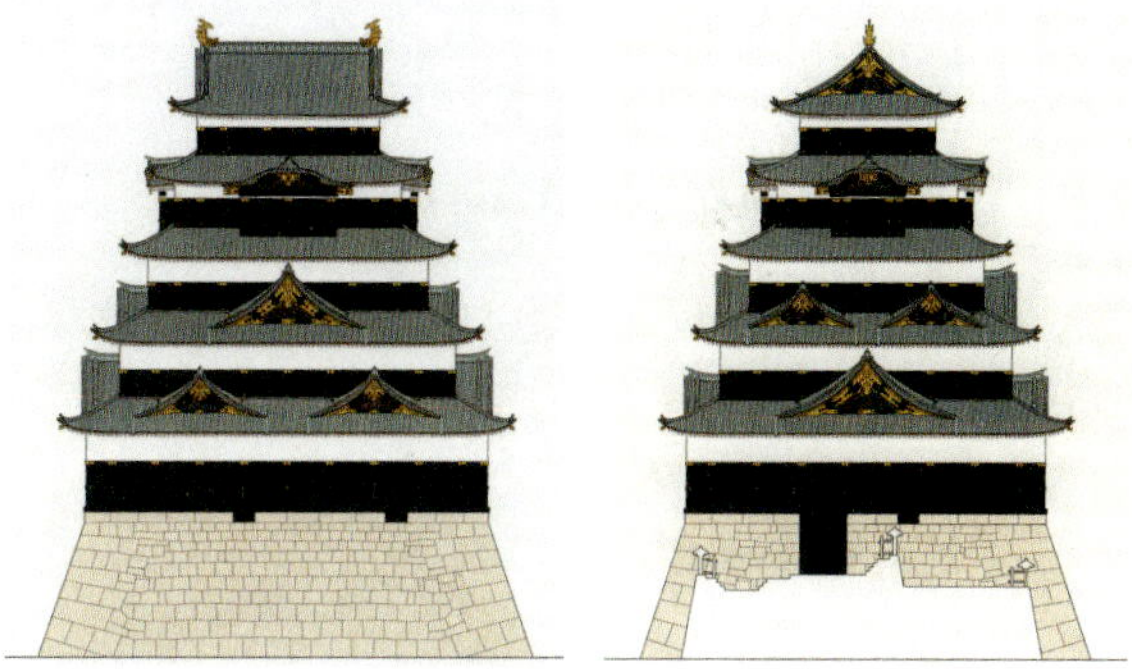

江戸城寛永度天守復元図（© 復元考証＝三浦正幸）
寛永度江戸城天守の特徴の一つとして、規模の壮大さを挙げることができる。各階の階高の大きさは、地階と一階については姫路城天守や名古屋城天守のほぼ２倍である。

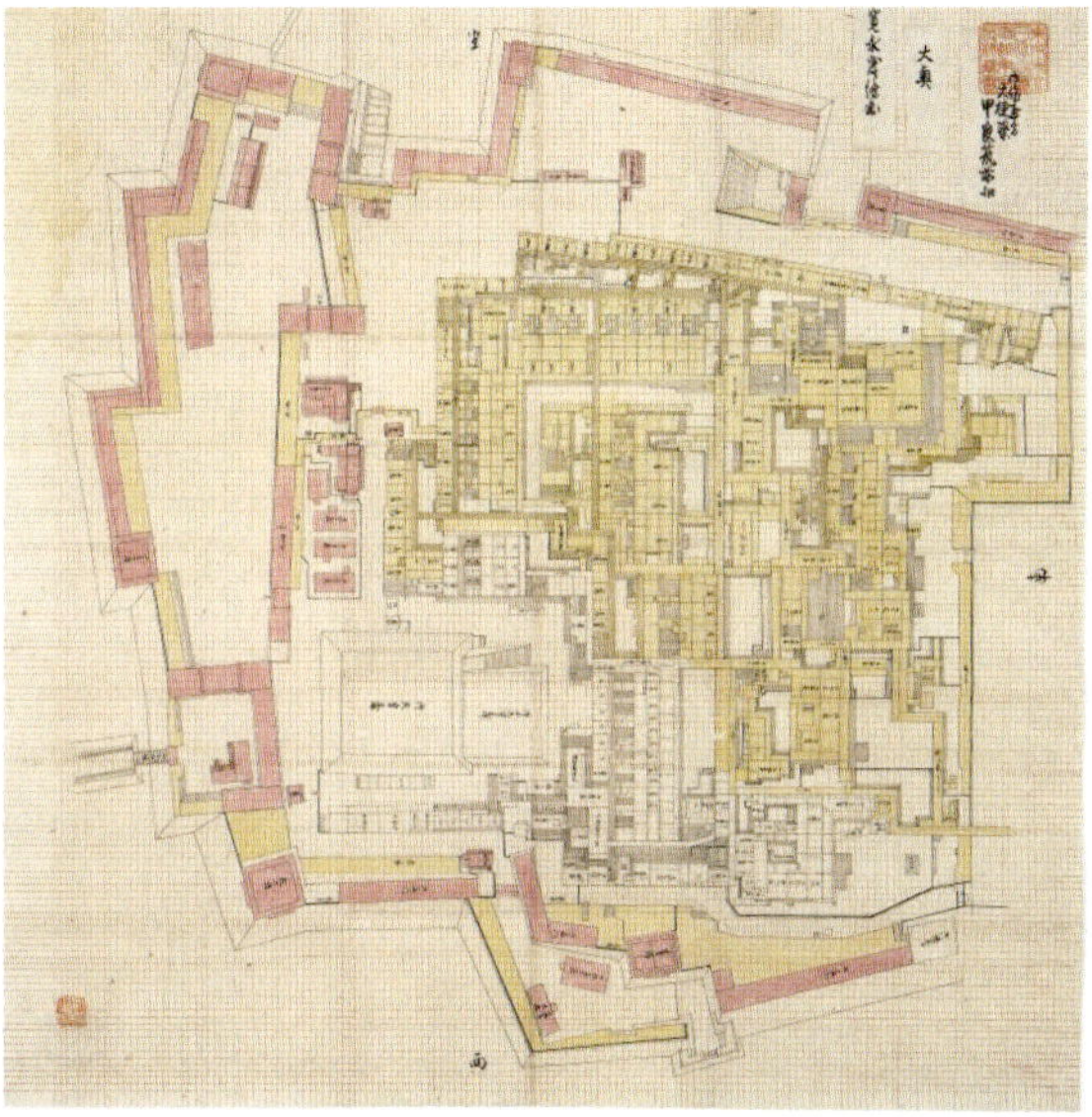

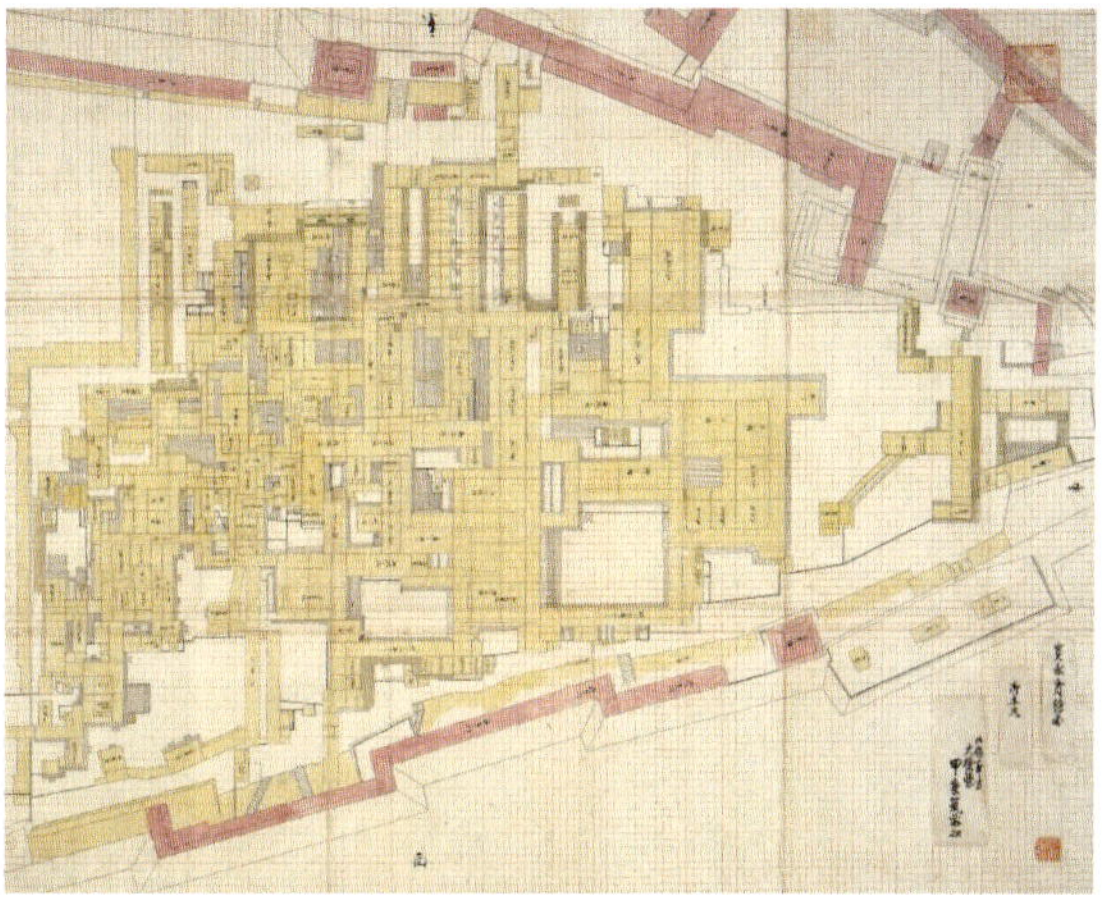

「御本丸寛永度絵図」（右）と「寛永度御本丸大奥惣絵図」（左）
（都立中央図書館特別文庫室蔵）
「寛永度」とあるが、実際は万治度の本丸表・中奥を描いた絵図。表は公的な儀式や年中行事、諸役人の政務の場。中奥は将軍の日常生活や政務を執る場ほど公式性が高くなっている。

み直されたものの、以後天守の再建はなかった。

徳川から明治へ

明治元年の江戸城無血開城で二百六十年の徳川の治世は実質的に終わる。将軍家は江戸城から去り、江戸城は新たに「皇居」となった。当時の江戸城は荒廃の度を深めていたが、櫓が七〇基以上、城門一二〇ほどが残されていたようだ。それも順次解体され、関東大震災で倒壊したものも多かった。現在残る遺構には、広い堀と石垣、本丸の天守台、二重櫓としては日本最大という桜田巽櫓、伏見櫓がある。また、関東大震災で損壊した富士見櫓（天守を失ってから天守代用とされた三重櫓）は大正十四年に補修され、江戸城現存唯一の三重櫓として偉容を誇っている。

寛永度天守の再建運動

かつて江戸城寛永度天守があった本丸に、明暦の大火で焼失後、加賀藩によって天守台が修復された。この場所に、江戸城天守の再建を実現したいと願う活動が近年開始された（NPO法人「江戸城天守を再建する会」）。計画には資金や文化財上の課題もあるが、天守建築の最高傑作といわれる寛永度天守を眺望したい城郭ファンも多い。　（服部　崇）

名古屋城

現況を見る

——広大な城郭は豊臣大坂城を凌駕

木造による天守の復元計画のため現天守は閉鎖されているが、依然名古屋のシンボルとしてその存在感を示している。二〇一八年には史実にそって忠実に復元された本丸御殿が蘇った。それに引き続き二の丸庭園の保存整備、石垣の修復などが続行中だ

名古屋城空撮（株式会社竹中工務店提供）
本丸南面にある南御門桝形の表二之門、その右に本丸辰巳隅櫓、南二之門の左には未申隅櫓、いずれも重要文化財。南御門桝形を抜けると平成30年6月に完成公開されている本丸御殿。そして南北に連立した大小天守が建つ。

●築城年／慶長15年（1610）　●築城主／徳川家康　●所在地／愛知県名古屋市中区本丸
●交　通／JR東海道本線名古屋駅下車。バス名古屋城正門前下車

天守
本丸
小天守
御深井丸
西の丸

名古屋城 ——勇壮な天守と優美な御殿が並び建つ

CG復元

かつて名古屋城本丸御殿は、近世城郭御殿の最高傑作と言われ国宝に指定されていた。現・国宝二条城二の丸御殿と並ぶ武家風書院造の双璧と言われていた名古屋城本丸御殿が復元されよみがえった

名古屋城本丸 CG 復元
（制作／株式会社竹中工務店）

本丸御殿の CG 復元には江戸時代の文献のほか、多くの写真、実測図が使用された。現在の本丸御殿は、平成 21 年 1 月に復元に着手し、平成 30 年 6 月に完成公開している。復元された御殿内部では、保管されていた襖絵や天井板絵などから制作された障壁画の復元模写作品が見られる。

● CG 復元について／「元禄拾年御城絵図」、「なこや御城之指図」、「なこや御城惣指図」、『国宝史蹟　名古屋城』、『金城温古録』、「昭和実測図」、『旧国宝名古屋城本丸御殿資料調査報告書』 などを参考に制作した。

小天守
書院
広間
式台

名古屋城大天守と小天守 CG 復元

（制作／株式会社竹中工務店）

名古屋城大天守は外観五重、内部は地上五階、地下一階である。一階の大きさは南北 37.0 メートル、東西 32.8 メートル、床面積 1213.6 平方メートル。大天守台の高さ 19.5 メートル、天守全体では 36.1 メートル、総高 55.6 メートルである。

小天守は、外観二重、内部は地上二階、地下一階である。小天守地階にある小天守口御門を通って、一階へ上り、大天守地階と連結する橋台を通過すると、大天守地階入り口へ着く。

大天守三階階段CG復元
（株式会社竹中工務店提供）
左階段は藩主用の御成階段。

大天守五階二の間CG復元
（株式会社竹中工務店提供）

大天守二階西回廊CG復元
（株式会社竹中工務店提供）

小天守一階CG復元
（株式会社竹中工務店提供）
一階は六室と入側からなり、一階東面は本丸御殿に面するため窓はない。

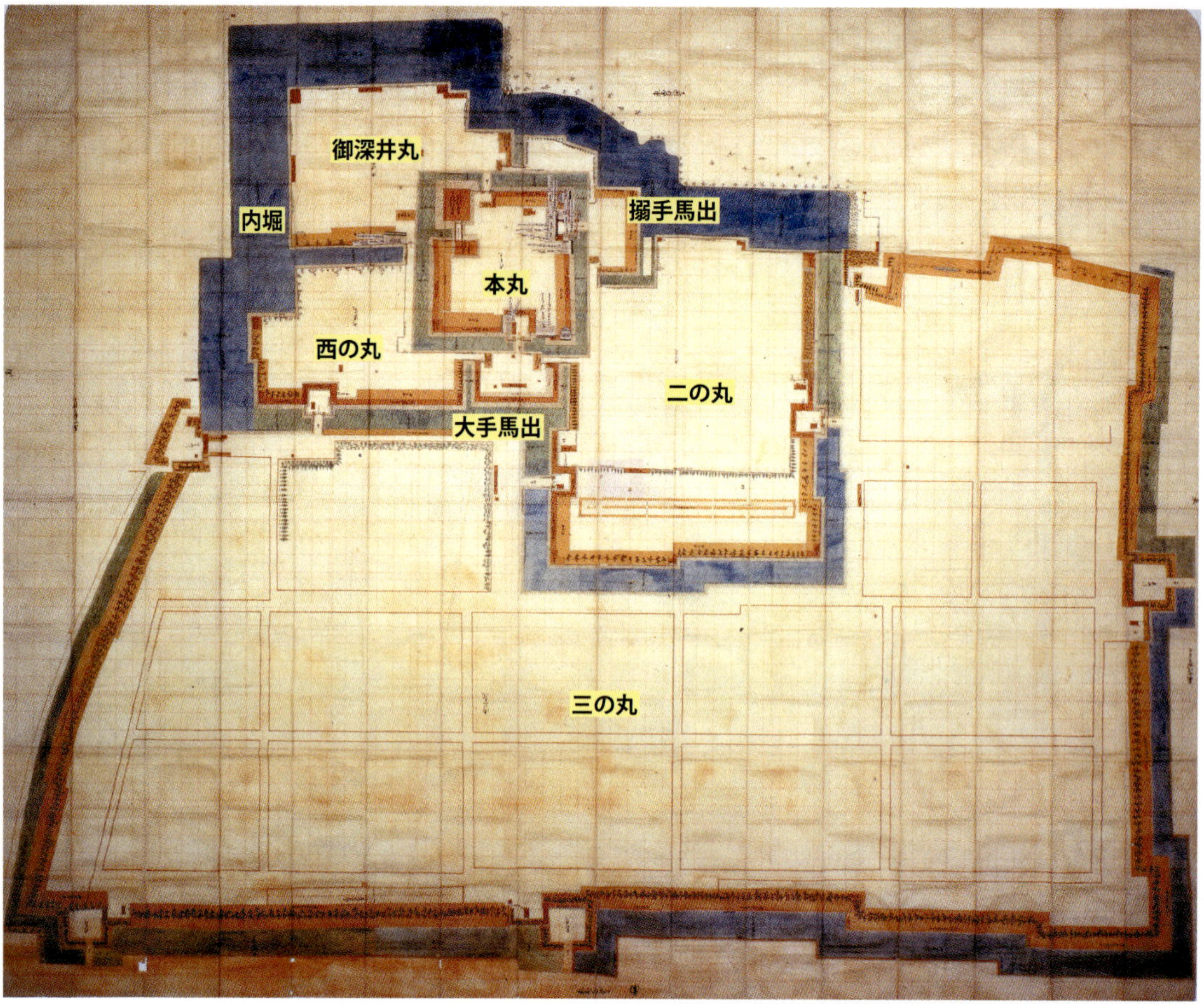

「元禄拾年御城絵図」（名古屋市蓬左文庫蔵）
尾張藩普請方奥村得義が『金城温古録』編纂に際して藩から拝領したもので、『金城温古録』に数多く引用されている元禄10年（1697）に作成された絵図。実測に基づいて描かれたもので、指図の中でも最良といわれる。

■台地の端の「那古野城」

伊勢湾に面した熱田付近から北に延びる名古屋台地の西北端に大永五年（一五二五）頃築かれた今川氏の支城、那古野《なごや》城を享禄五年（一五三二）、織田信秀が攻略奪取して居城とした。織田信長が生まれたのがこの城という。現在の二の丸一帯にあったらしい。その後、尾張の中心は清洲に移り、城は廃城となる。

■近世大城郭「名古屋城」へ

慶長十五年（一六一〇）、徳川家康がこの廃城の跡に新たに、最新の近世城郭として築城したのが名古屋城である。

家康は、九男義直を清洲城からここに移した。豊臣方への押えとすること。広大な城域、広壮豪華な天守で威を天下に示すこと。こんな目的によってつくられた城だった。

築城は西国の有力豊臣系大名二〇家に命じた天下普請で進められ、早くも半年後には当時の大坂城のスケールを超える壮大な石垣が出現する。二年後の十七年には本丸御殿、二の丸御殿が竣工。それと前後して、「金の鯱」を戴いた五重五階地下一階、層塔型の堂々たる巨大天守が本丸にあがった。天守台を含めた高さ約五五メートル。これも大坂城を凌ぐものだった。金の鯱は高さ二・五メートル、

名古屋城と名古屋市街（株式会社竹中工務店提供）
築城400年を過ぎ、今も人口230万都市のシンボルとして聳え建つ。

名古屋城本丸西面（『国宝史蹟 名古屋城』所収）
明治初期の撮影。右の櫓は未申（西南）隅櫓。

名古屋城本丸（『国宝史蹟 名古屋城』所収）
昭和16年頃の撮影。

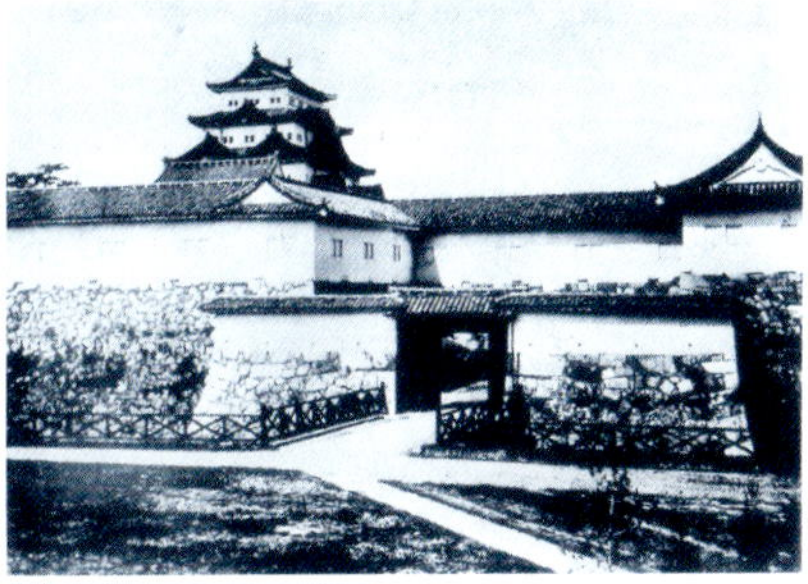

名古屋城本丸南二之門（『国宝史蹟 名古屋城』所収）
明治初年の撮影。

慶長大判一九四〇枚を使用したという。

元和二年（一六一六）、義直は完成した名古屋城に入り、清洲の城下町全体を住民ともども名古屋城下に移す「清洲越し」と呼ばれる大事業を実行した。

■全体の破却は免れたが

こうして名古屋城は徳川御三家筆頭、尾張徳川家の居城として二百五十年を過ごして明治を迎える。廃城令後も本丸はそのまま保存され華麗な姿を保った。しかし、明治二十四年、濃尾地震では多くの櫓などが被災して失われている。

その後も城の中郭部は姿を保ち、昭和五年には国宝に指定。だが戦時の大空襲によって大天守以下、主要な建物を焼失。昭和三十四年コンクリート造で天守が外観復元された。

遺構として、本丸東南隅櫓、本丸西南隅櫓、御深井丸西北櫓、本丸表二之門、二の丸西鉄門二之門・東鉄門二之門、堀、石垣、庭園などが残る。

平成二十一年からは、国宝になっている京都二条城の二の丸御殿と並ぶ武家風書院造の双璧といわれた名古屋城本丸御殿の、旧来の材料・工法による復元が始まり、平成三十年に完成している。また、木造による天守の再建も計画されている。

（服部　崇）

会津若松城——壮絶な砲撃にも耐えぬいた堅固な名城

現況を見る

戊辰戦争を絶え抜いた五重天守は取り壊されてしまったが、外観復元された天守が聳える。近年、会津若松城の二重櫓の中で最大の櫓である干飯櫓や南走長屋が復元され、ありし日の姿を演出している

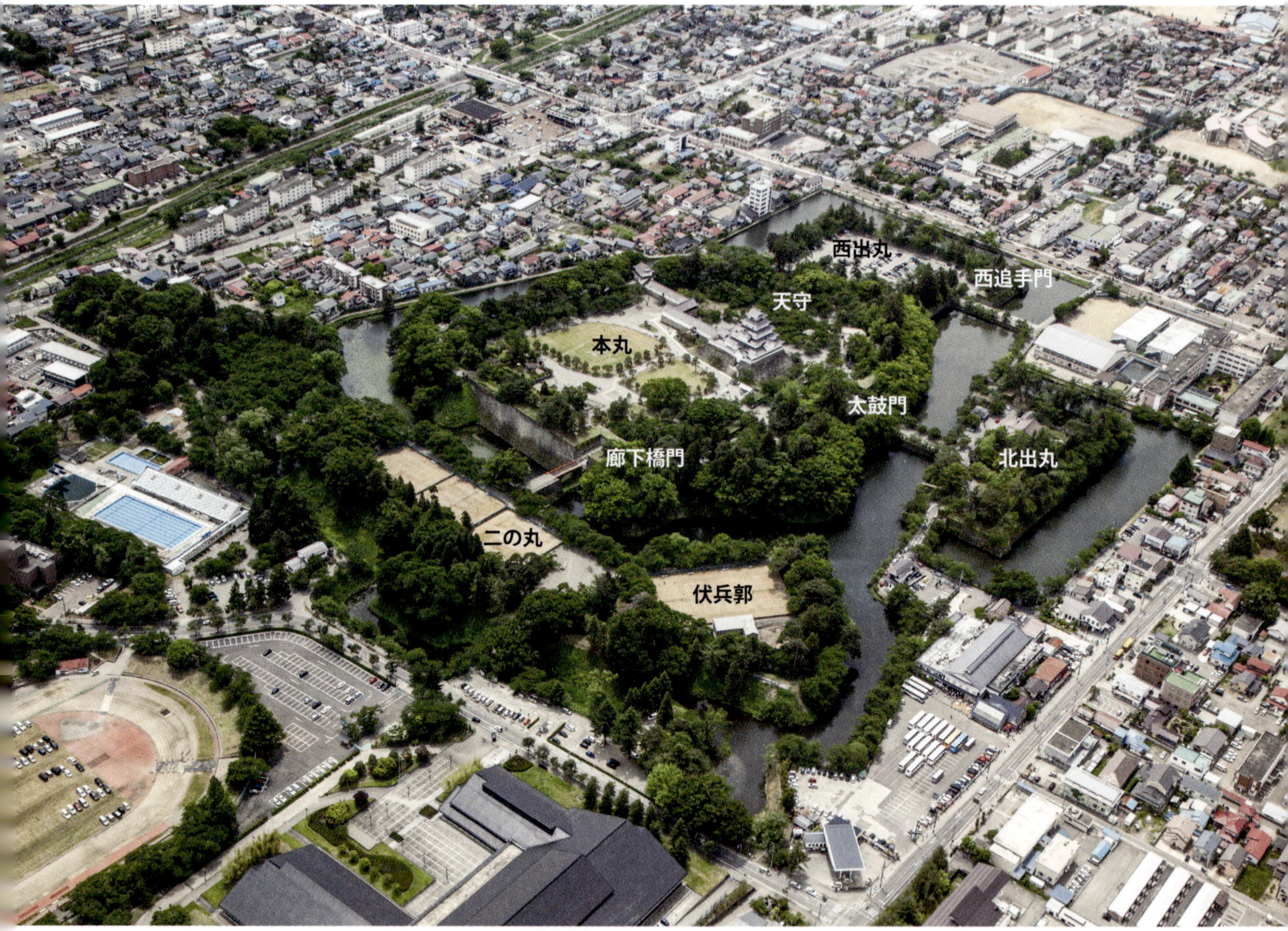

会津若松城遠望（会津若松市提供）
現在の会津若松城は、寛永 16 年（1639）、加藤明成の時代に大改修に着手し、大手門を北側、天守を五重に改め、石垣を改修・新築、そして出丸を拡張、空堀を水堀に改修した縄張である。現況は外観復元された天守はじめ、本丸、二の丸、北出丸、西出丸の石垣や土塁、堀がよく残されており、往時の会津若松城の縄張がよく分かる見応えある城である。

●築城年／文禄元年（1592）　●築城主／蒲生氏郷　●所在地／福島県会津若松市追手町
●交　通／JR 磐越西線会津若松駅下車。バスで鶴ヶ城北口下車。徒歩 2 分

会津若松城空撮（会津若松市提供）
昭和 40 年に外観復元された天守、走長屋·鉄門、平成 12 年には南走長屋、干飯櫓が復元された。鉄門は本丸にある 2 つの門の 1 つで正門である。

「若松城下絵図屏風」部分（福島県立博物館蔵）
幕末の若松城下の姿を伝える代表的な鳥瞰図。六尺八曲の大作で城下の全容が描かれている。天守の屋根の向きや城の出丸の形など、細部まで精密に描かれた見事な作品である。

CG 復元

会津若松城は東北では珍しく、西日本風の石垣造の平山城で、壮大な五重天守を有した城である。近畿出身の蒲生氏郷や加藤氏の手による城のためか、東国にあっては石垣が多用された数少ない城である

●CG 復元について／この会津若松城 CG は「陸奥之内会津城絵図」、「会津鶴ヶ城御本丸之図」、「会津若松史」、「史跡若松城跡」、「若松城郭内武家屋敷跡」、古写真などを参考にして制作された。

会津若松城——東北唯一の五重天守が聳えた要塞

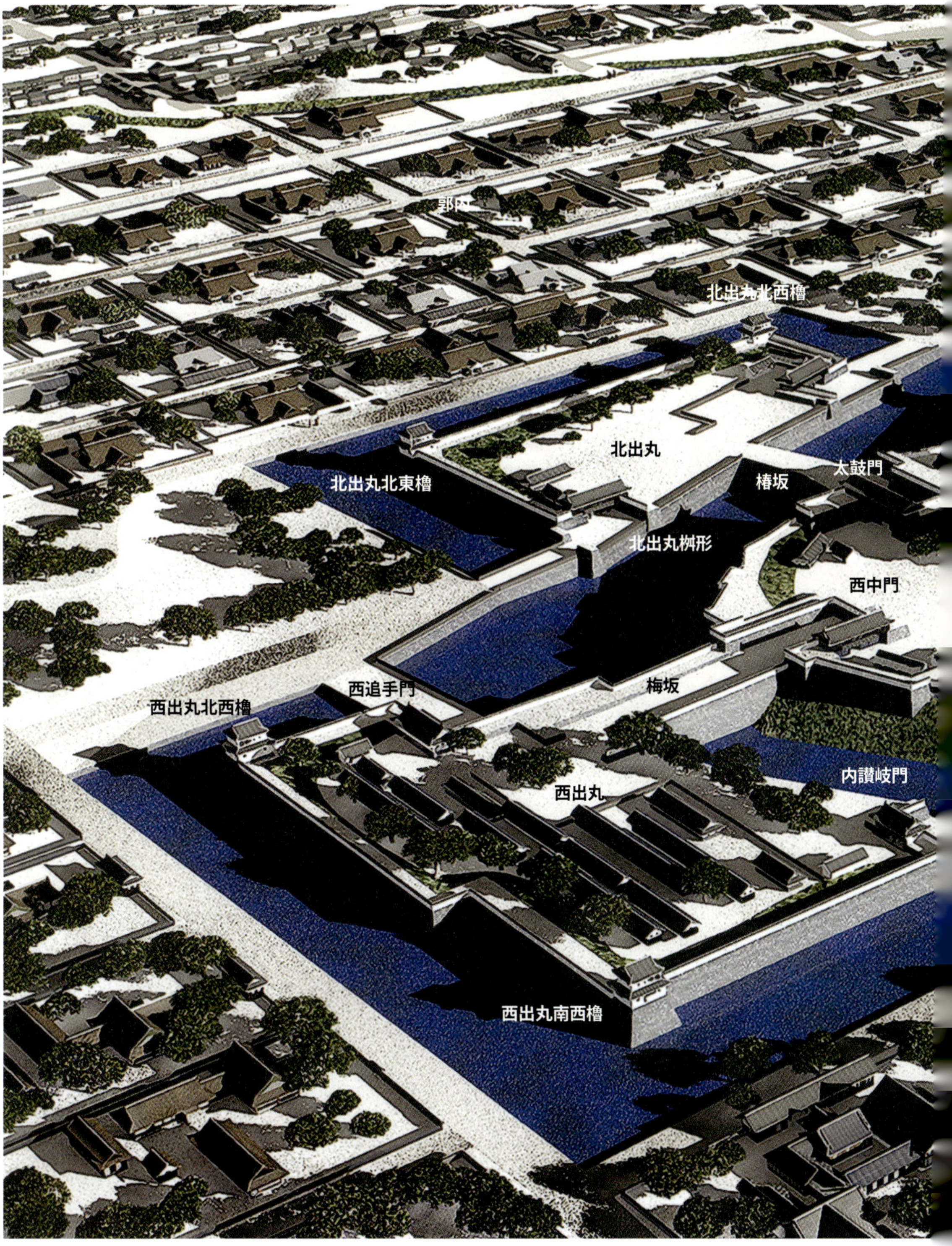

会津若松城鳥瞰CG復元（制作／3KIDS　CG　長尾美知子）
西南方向から俯瞰した図。

「陸奥国会津城絵図」（福島県立博物館蔵）
正保元年（1644）幕命によって全国の大名が調製し、城と城下町を描いた絵図（正保城絵図）を幕府へ提出した。この絵図は正保２年、会津藩主保科正之が提出したものである。天守をはじめ、石垣・堀・土塁や櫓・門などが描かれ、それぞれの規模が間数で詳細に記入されている。会津若松城の確かな姿を伝える最古級の絵図である。

蒲生氏時代に近世城郭が完成

会津若松城は南北朝末期頃、この地に君臨した蘆名《あしな》氏が築いた黒川城に遡る。その後、伊達政宗が蘆名氏を駆逐してこの城に入る。

天正十八年（一五九〇）、小田原の陣後の奥州仕置で伊達政宗が会津を追われると、代わって蒲生氏郷が四二万石を領して入封。文禄元年（一五九二）には城名を鶴ヶ城とし、近世城郭への改修を始めた。翌二年、七重とも伝えられる天守をあげた大城郭が完成する。蒲生氏郷が同四年病没し、次代で転封となると、慶長三年（一五九八）、越後から上杉景勝が一二〇万石で入封する。

景勝は鶴ヶ城の北西に新たな城（神指城）の構築を開始、これが徳川家康の疑心を招き、上杉征伐、関ヶ原の戦いへと繋がっていく。景勝は関ヶ原の戦いの後、米沢に移封され、鶴ヶ城には再び蒲生氏が入るがほどなく断絶。

五重五階地下二階の天守

次いで寛永四年（一六二七）、加藤嘉明が入封して、慶長十六年の大地震で崩壊した蒲生氏時代の石垣を補修し、天守を層塔型の五重五階地下二階に改める大改修を行った。この天守は以後江戸時代を通じて在り、戊辰戦

会津若松城本丸内から見た鉄御門と天守
（会津若松市教育委員会蔵）
明治初期の撮影。戊辰戦争での砲弾の跡が残る。

会津若松城天守東面
（A．ベルタレッタリ市立版画コレクション・会津若松市提供）
明治７年頃の撮影。

会津若松城現況（会津若松市提供）
上の写真と同アングルで本丸内から見た復元された鉄御門と天守。

会津若松城空撮（会津若松市提供）
右から天守、走長屋、鉄御門、南走長屋、干飯櫓。いずれも復元されている。

争後の、明治初年までその姿をとどめていた。

会津騒動と呼ばれる御家騒動によって加藤氏が改易となると、寛永二十年二代将軍徳川秀忠の庶子保科正之が入城、会津松平氏の祖となり、以後およそ二百年、維新期まで会津を領した。

旧幕軍の拠点に

戊辰戦争では旧幕軍の拠点となり、新政府軍の猛攻に徹底抗戦、苛烈な籠城戦の舞台となった。新政府軍はアームストロング砲を含む五十門の四ポンド砲による徹底した砲撃を加え、城内には約二百五十発の砲弾が撃ち込まれたという。

だが江戸初期（加藤氏時代）に造営された天守は、外壁に砲弾の穴があき、屋根も波打つという崩壊寸前の壮絶な姿となりながらもよく耐えた。こうして旧幕軍は約一か月に渡って籠城戦を継続した後、ついに開城して降伏した。

明治に入り、天守はじめ城内はすべて破却され、今に残る遺構は堀、石垣のほか本丸、二の丸、三の丸の一部、北出丸、西出丸などのみ。

昭和四十年に天守が外観復元されているほか、近年干飯櫓、南走長屋が復元されている。

（服部　崇）

金沢城

現況を見る

加賀前田百万石のシンボル

現存する三十間長屋、石川門、復元された菱櫓、五十間長屋、橋爪門続櫓など、優美華麗な建築群が城域に点在している。一方、金沢城は「石垣の博物館」とも呼ばれ、その多種多彩な石垣も見もの。石積・加工技術の変遷、歴代藩主好みの造形が現れた貴重なものだ

金沢城空撮

（金沢城・兼六園管理事務所提供）

平成13年に復元された菱櫓・五十間長屋・橋爪門続櫓は、文化6年（1809）の二の丸火災後に再建された形である。近年には河北門の復元、いもり堀の水堀化、橋爪門二の門の復元、玉泉院丸庭園の再現が行われた。

●築城年／慶長4年（1599）　●築城主／前田利家　●所在地／石川県金沢市丸の内
●交　通／JR北陸本線金沢駅下車。バス兼六園下下車。徒歩5分

三十間長屋
二の丸
菱櫓
五十間長屋
本丸
橋爪門
三の丸
鶴の丸
いもり堀
百間堀

金沢城

CG復元

前田利家を祖とする北陸の巨城

加賀百万石前田藩の城・金沢城は利家が「槍一筋」の武功で築いた城である。豊臣秀吉の大坂城天守に劣らぬ大天守や海鼠壁、鉛瓦、唐破風付出格子など、前田家の築城思想が盛り込まれた名城をみる

金沢城鳥瞰CG復元
（制作／3KIDS　CG　長尾美知子）
本丸にあった五重天守は、慶長7年（1602）の落雷による焼失以後再建されず、寛永8年（1631）の金沢城大火後、本丸にあった諸施設は二の丸に移された。図はその後の金沢城の姿を表した。この時代は三階御櫓が天守の代用をしていた。

●CG復元について／この金沢城CGは「金沢城絵図」、「加賀国金沢之絵図」、「金沢城座敷之図二ノ丸」、「金沢城御三階櫓之図」、「御城櫓之図」、古写真などを参考にして制作された。

裏口門
鼠多門
玉泉院丸
二の丸
三十間長屋
鉄門
戊亥櫓
五十間長屋
広間
本丸
橋爪門
三階御櫓
鎬櫓
東の丸
鶴の丸
丑寅櫓
中櫓
辰巳櫓

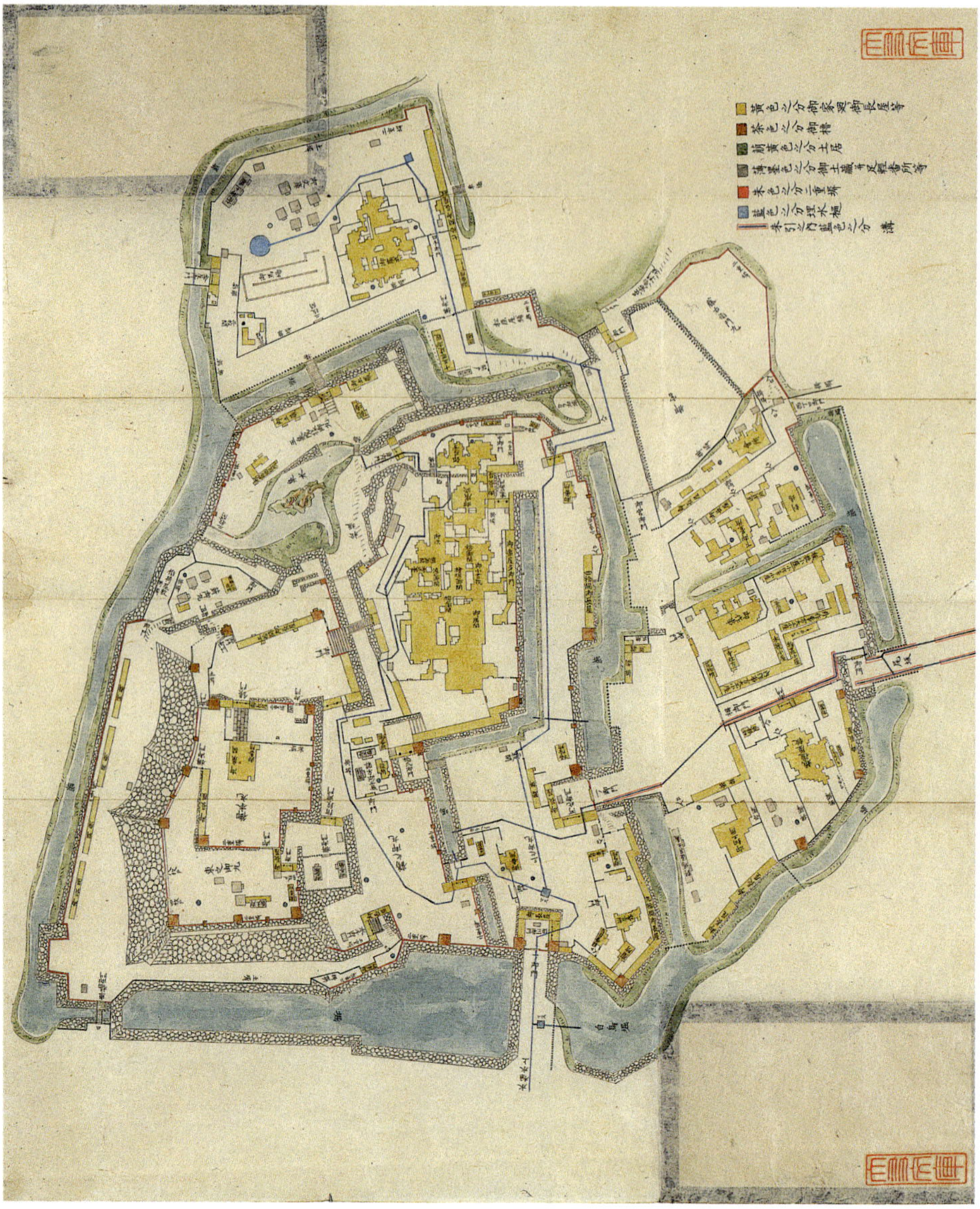

「金沢城図」（金沢市立玉川図書館蔵）
作成年代は不詳であるが、金沢市立玉川図書館蔵の寛文8年（1668）「加賀国金沢之絵図」の金沢城部分と同じような描かれ方をしており、幕府提出の寛文図作成に関わる絵図と推測されている。

■尾山御坊に遡る

金沢市南端に水源を発し北に流れる犀川《さいかわ》と、金沢市南東方順尾山から北流する浅野川の間に延びる小立野台地の北端に建つ、加賀百万石の祖前田利家が築城した城である。

この城の淵源は、大坂石山本願寺支院で加賀一向一揆の本拠であった尾山御坊（金沢御堂）に遡る。この尾山御坊は天正八年（一五八〇）、織田信長勢に攻め落とされ、柴田勝家の甥、佐久間盛政が入り、尾山城として戦国期の城郭に改修した。

盛政は天正十一年、信長後継を決する賤ヶ岳の戦いに出陣、勝家方の副将として奮戦する。だが秀吉方を深追いし過ぎ、逆襲を受けて捕らえられ、斬首となる。

その後に当時勝家の与力であったにもかかわらず秀吉側にまわった前田利家が入り、さらに大改修を始めた。この時が近世城郭としての金沢城の始まりとなる。

■近世城郭へさらに発展

改修は二代利長の時代に続く。金箔瓦をのせた、絢爛豪華な五重天守があげられたのもこの時代とされている。また、本丸の周囲にいくつもの曲輪を立体的に配し、全長三キロメートルにわたって堀で囲む（内総構）広壮

金沢城二の丸菱櫓・五十間櫓・橋爪門続櫓（金沢市提供）
建物は平成13年7月に復元竣工した。菱櫓・五十間櫓・橋爪門続櫓は城の中枢施設があった二の丸を敵から守る軍事施設であるが、普段は倉庫として使われていた。

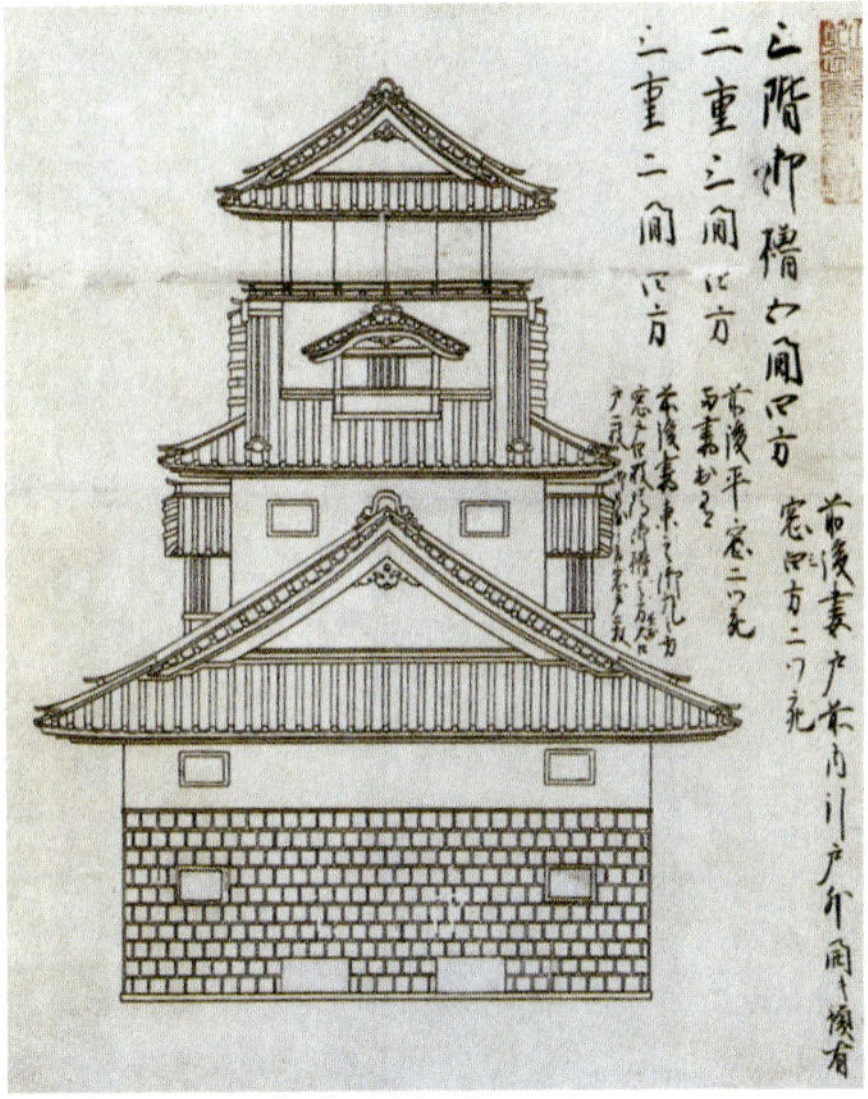

「金沢城三階御櫓之図」（金沢市立玉川図書館蔵）
慶長7年に焼失した天守の代用として、天守の跡地に築かれた櫓。一層が5間四方、二層が3間四方、三層が2間四方で最上層に回縁高欄が廻る大型の三階櫓であった。

鼠多門と二の丸御殿古写真（金沢市立玉川図書館蔵）
明治初期の撮影。「金沢城門等写真」所収。鼠多門の後方には二の丸御殿の殿舎が建ち並んでいる。二の丸御殿は明治 14 年に、鼠多門は明治 17 年に火災により焼失した。

な城郭が築かれた。

三代利常の時代には、内総構の外側をさらに全長七キロメートルに及ぶ堀で囲んだ総構が完成する。

以後この城は幕末まで、加賀前田百万石を象徴する城として、改修、造営をくり返しながら存続する。だが、その間、慶長七年（一六〇二）に天守を焼失、以後再建されなかった。また、この天守に関する詳しい記録も残ってはいない。この間くり返し起こった大火により、現存する搦手門の石川門、三十間長屋、鶴丸倉庫を除いて、多くの建造物を失った。

平成の復元

明治に入って二の丸が陸軍用地となり、主要な建物の多くが破却された。戦後も金沢大学のキャンパスとして使用されていたが、平成七年のキャンパス移転にともなって、復元の機運が高まり、菱櫓、五十間長屋、橋爪門続櫓、橋爪門一の門、橋爪門二の門、橋爪橋、三の丸河北門、いもり堀などが復元され、海鼠壁、鉛瓦の優美な姿を見せている。

三十間長屋、石川門、鶴丸倉庫の現存物件は国の重要文化財となっている。また、明治の大火後城内から城域外に移築されていた切手門も再移築されている。

（服部　崇）

小田原城——謙信・信玄の攻撃も撥ね除けた戦国随一の総構

CG 復元

小田原城址公園の中に立つ天守は外観復元されたものだが、近世城郭の雰囲気をよく伝える。常盤木門、銅門なども復元されている。北条時代の遺構も山側に残存し、総構や外堀の一部も見られる

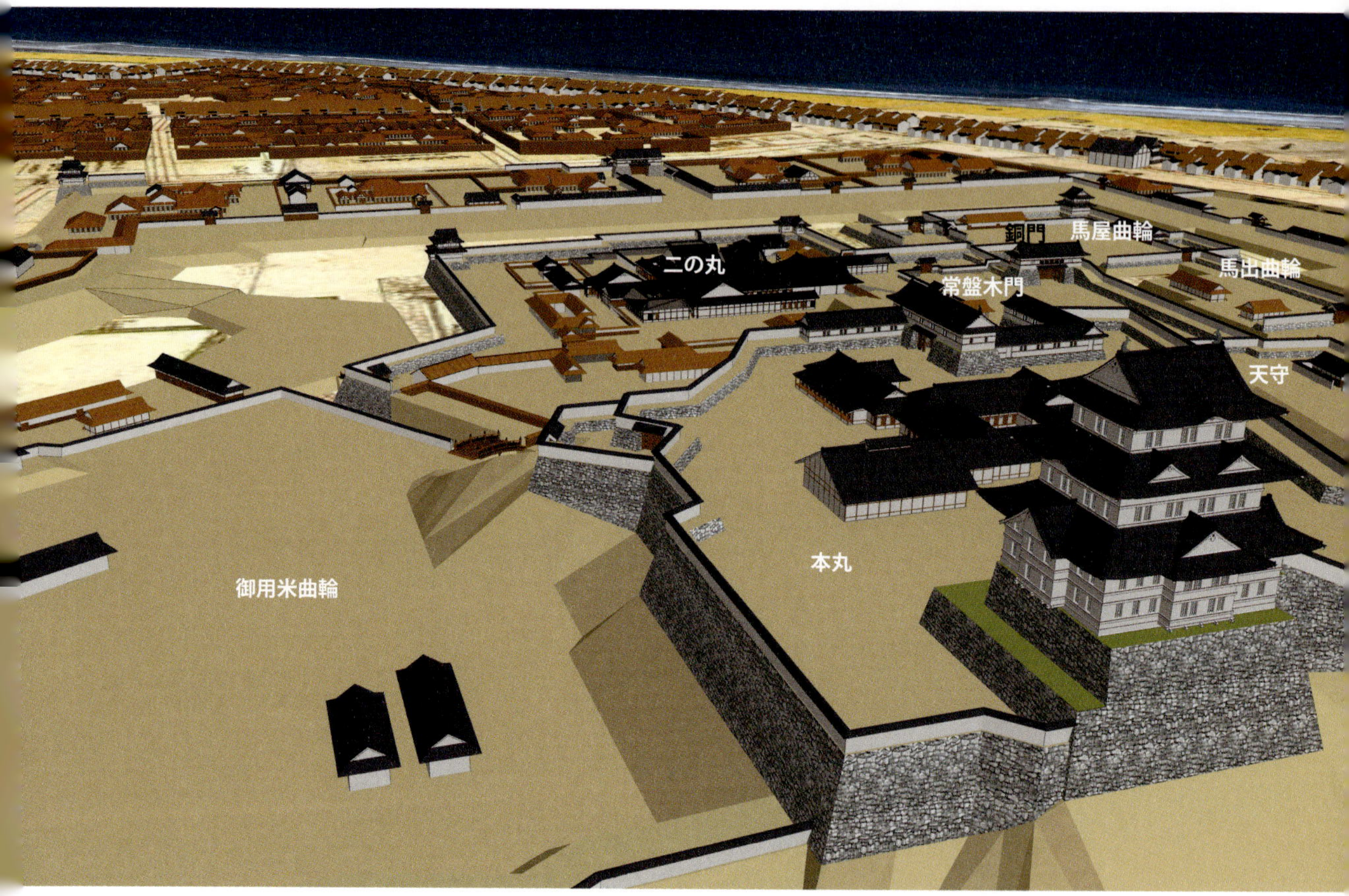

小田原城本丸周辺 CG 復元
（制作／小田原市提供）
当初の天守は元禄 16 年（1703）の地震により焼失したため、宝永３年（1706）に再建された。本丸御殿は将軍家の宿泊を考慮して建てられているため、藩主は二の丸御殿を用いていた。常盤木門は本丸大手を守る城内最大級の桝形門である。

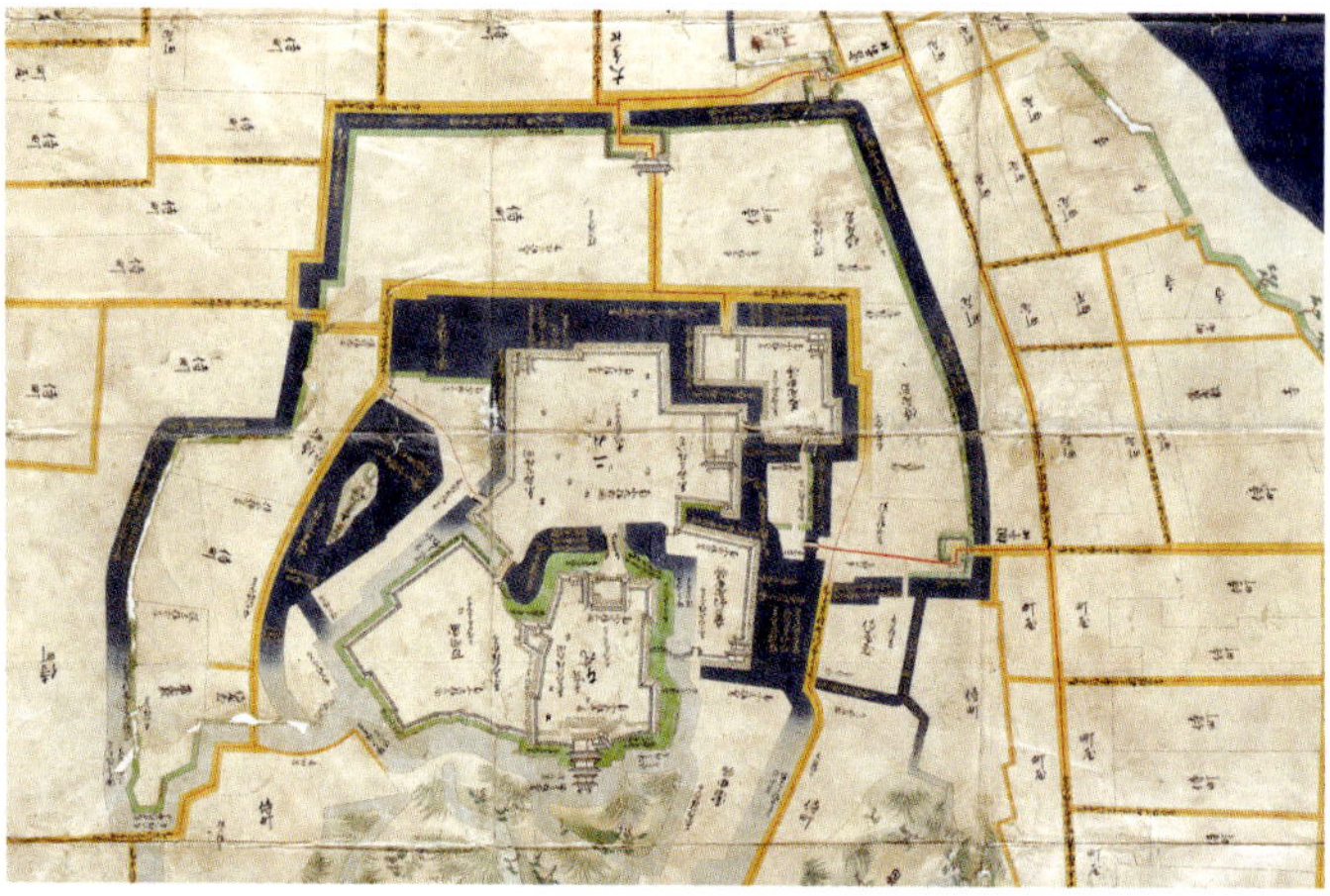

「文久図」部分（小田原城天守閣蔵）
文久年間（1861 ～ 64）の成立の絵図。縦 1.815 メートル、横 2.230 メートルの大図。城内については鳥瞰図法を用いるなどして、より精密に描かれている。

●築城年／寛永９年（1632）　●築城主／稲葉正勝　●所在地／神奈川県小田原市城内
●交　通／ JR 東海道本線小田原駅下車。徒歩 15 分

空から見た小田原城（撮影／中田真澄）
小田原城は箱根古期外輪山から足柄平野に向かって東に延びる丘陵先端部に位置する。北条時代を経て、江戸時代には大久保氏、稲葉氏の居城として、江戸の西の守りを固める重要な役割を担った。平成 21 年、馬屋曲輪や馬出門が整備され、小田原城の大手筋の歴史的景観がよみがえった。

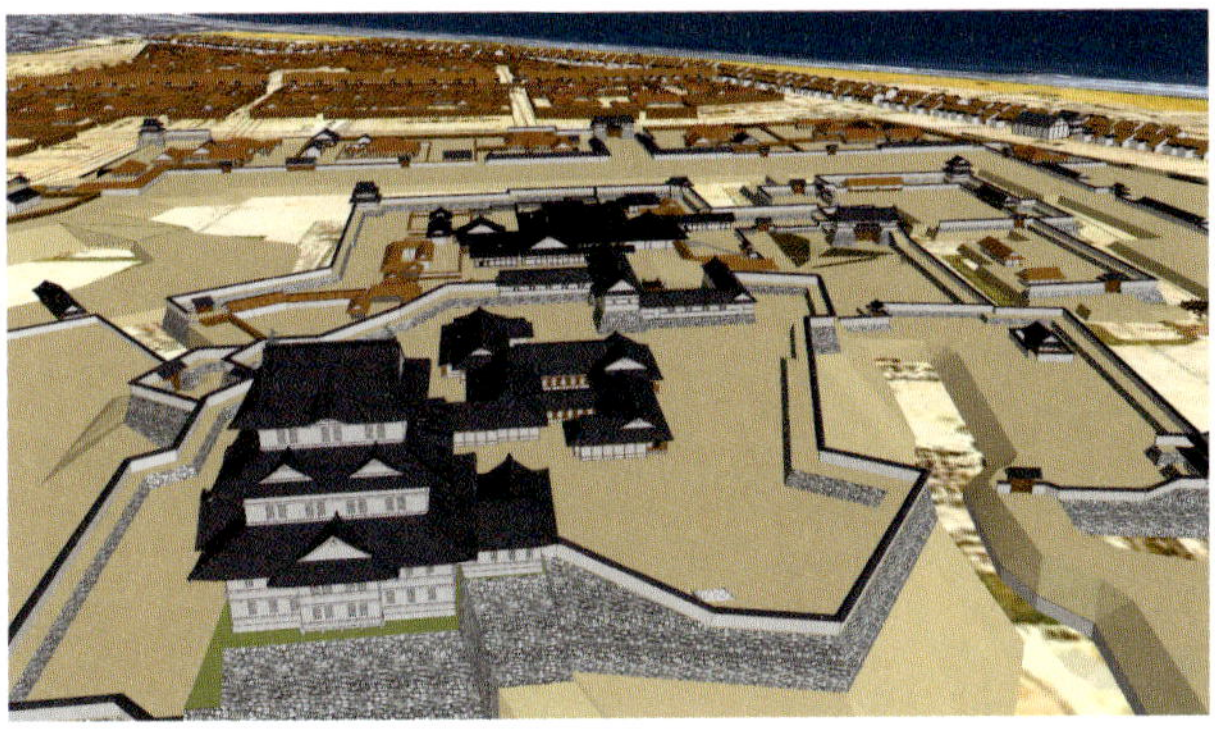

天守より城下遠望 CG 復元
（制作／小田原市提供）
天守からは東海道の小田原宿場町や海岸線が遠望できた。

馬出門前から天守遠望 CG 復元
（制作／小田原市提供）
馬出門は、小田原城の大手筋に位置し、二の丸を守る重要な門。江戸時代の初期からこの場所に存在し、寛文 12 年（1672）に桝形形式の門に改修され、江戸時代の終わりまで存続した。

●CG 復元について／この小田原城 CG は「文久図」、「享保図」、「三重天守古図」、「相州小田原城絵図」、「小田原城本丸平面図」、「寛文十二年普請伺図」、古写真などを参考にして制作された。

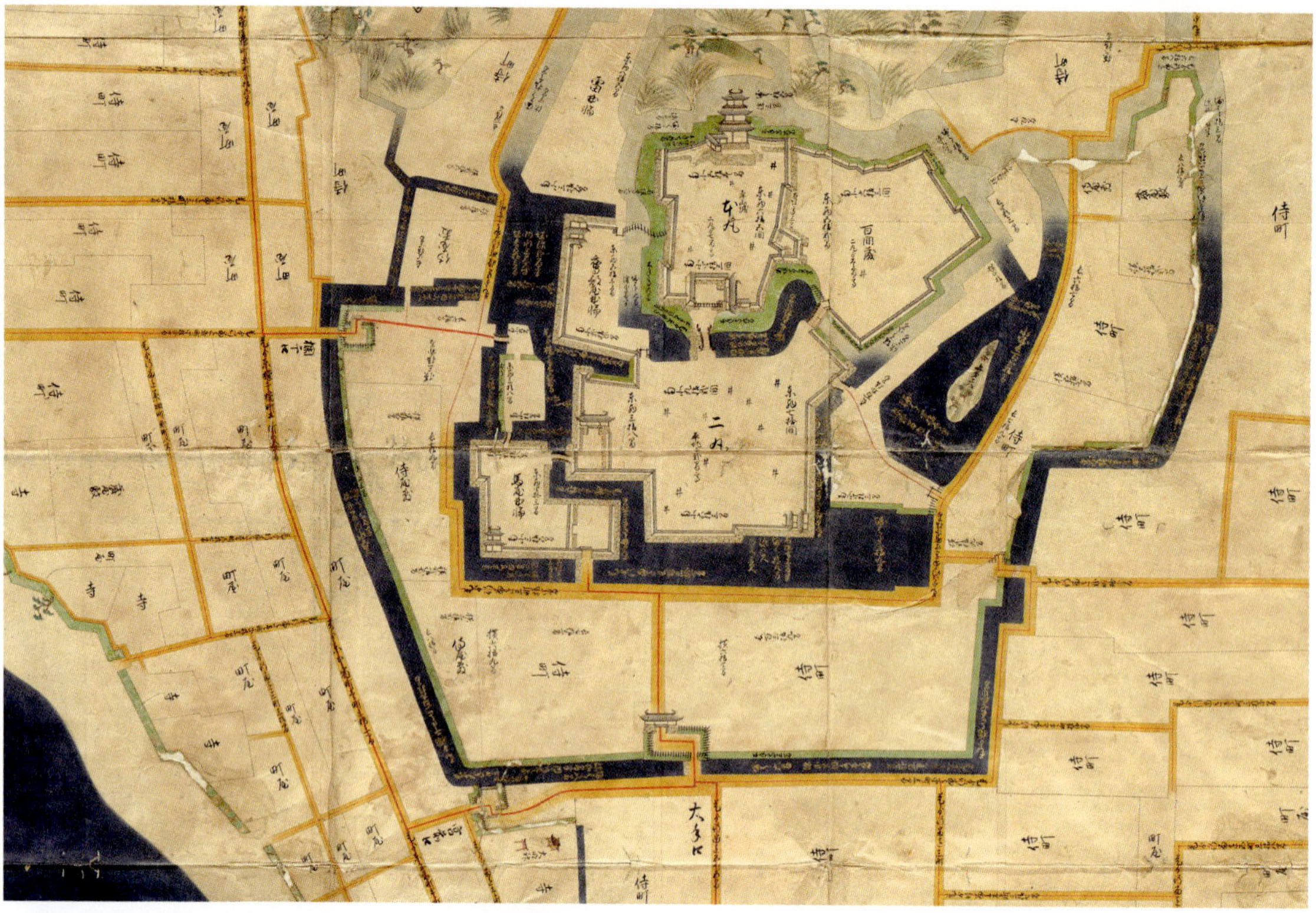

「相模国小田原城絵図」部分（国立公文書蔵）
正保元年（1644）に描かれた絵図。絵図は東西 3.10 メートル、南北 2.91 メートルと大きく、小田原城の詳細な図面である。城郭内の建造物、石垣の高さ、堀の幅や水深などの軍事情報などが精密に描かれているほか、城下の町割・山川の位置・形が詳細に記載されている。寛永 9 年（1632）の稲葉正勝入封後から、1640 年代までの縄張の改変が描かれる。

二の丸銅門（制作／小田原市提供）
旧来の原材、工法で平成 9 年に復元された。建物の基本寸法は「宮内庁図」、「小田原城並見附図」より櫓門などの寸法を割り出して建てられた。

戦国の城としての小田原城

鎌倉幕府御家人の小早川氏が、この地に居館を置いたのが小田原城の始まりとされている。その後大森氏が小早川氏にとって代わった。戦国時代に入ると、伊豆韮山《にらやま》城主に成り上がった北条早雲が明応四年（一四九五）、小田原を急襲して大森氏を駆逐し、小田原城をその手にする。

小田原城が戦国の城としての姿をあらわし始めるのは、これ以後のこととなる。早雲没後も代々に渡って、城郭、城下町を拡大していく。永禄年間（一五五八～七〇）の上杉謙信、武田信玄の来襲を凌いだのちも城域を大整備し、総延長十二キロメートルの壮大な総構とした。これは戦国時代を通じて、最も大規模なものとなった。

天正十五年（一五八七）、豊臣秀吉は各地に惣無事令を発し、北条氏にも臣従を迫った。しかし氏政・氏直父子はこれを黙殺。翌年から、七万人ともいう人夫を動員し、さらに城域を拡げて対豊臣の備えとした。

秀吉の小田原攻めと北条氏の滅亡

同年、上野沼田城を巡る北条、真田、徳川、三つどもえの抗争の収拾策として前年に結ばれた約定を北条氏が破って、真田領の名胡桃

小田原城鳥瞰 CG 復元（制作／小田原市提供）
三の丸には重臣屋敷などが置かれ、東海道や甲州道の道路に面して町屋が形成された。小田原宿は東海道五十三次中屈指の宿場として繁栄した。

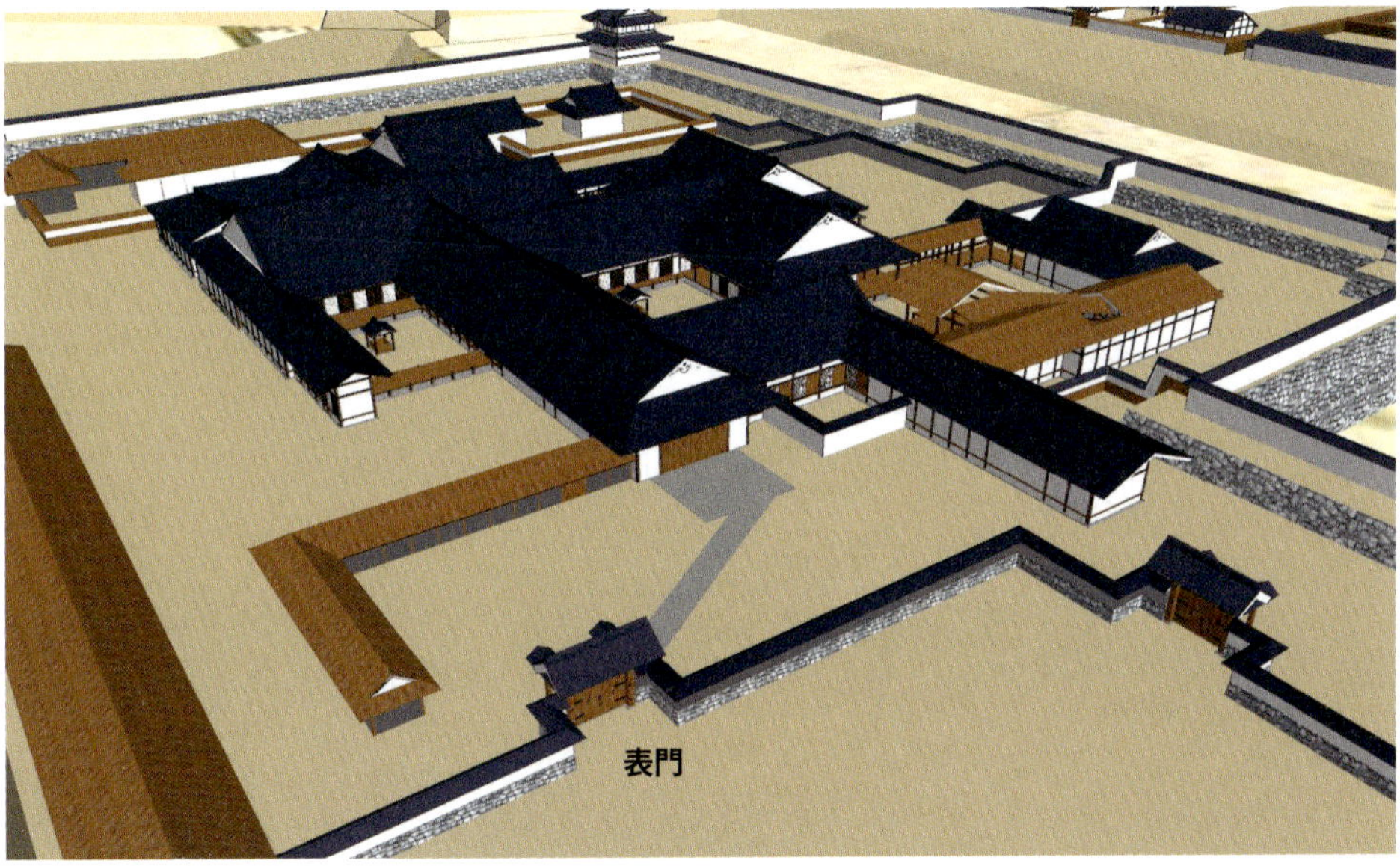

小田原城二の丸御屋形CG復元（制作／小田原市提供）
二の丸は小田原藩の中枢・藩庁と藩主居館をかねた二の丸御屋形が全域を占めていた。藩庁と藩主居館は江戸時代を通じて常に二の丸に存在した。本丸の将軍家宿舎を「御殿」と呼んだのに対して、藩主居館は「御屋形」の呼称が用いられた。

城を攻撃。秀吉はこれを北条攻めの口実とし、天下統一の仕上げとして「秀吉の小田原攻め」が現実化する。

秀吉は同年春、小田原を包囲。総計三〇万人ともいう大軍だったが、北条方は三か月にも及ぶ籠城戦によく耐えた。だが、石垣山に二か月余りで本格的城郭を出現させるなどの豊臣方の物量作戦によって、七月五日、ついに開城。北条氏は滅びる。

■近世の城としての小田原城

「小田原攻め」後、関東に入部した徳川家康は、この城を東海道の押えとして、側近大久保忠世を城主に据えた。だがその子忠隣は改易となる。寛永九年（一六三二）、稲葉正勝が封ぜられ、その後大久保氏が再び戻って維新を迎えている。北条時代の天守は寛永十年に地震で倒壊したため、本丸を現地点に移し、ここに三重の天守が造営されたが、これも焼失。その後再建されたものの維新後、天守を含む建物は破却された。

昭和三十五年、現天守が外観復元されたのをはじめ、城中最大級の常盤木門（昭和四十六年・外観復元）、銅門（平成九年・木造復元）、そして平成二十一年、馬屋曲輪の馬出門が木造で忠実に復元されるなど、整備事業が継続されている。

（服部　崇）

竹田城——街道を見下ろし銀山を押さえた、総石垣造の天空の山城

現況を見る

竹田城は生野銀山を守備する城として重要視され、豊臣政権の手で近世山城へと改造された。巧妙な縄張に、天守台から多くの虎口や櫓台、城内道まで石垣で築かれた石垣造の山城であった

●築城年／文禄・慶長年間（1592～1615）　●築城主／赤松広秀　●所在地／兵庫県朝来市和田山町竹田
●交　通／JR播但線竹田駅下車。徒歩1時間30分

竹田城空撮（撮影／吉田利栄・朝来市提供）
標高 353 メートルの山頂を削平して本丸を築き、東西約 50 間、南北約 250 間の部分に階段状に石垣をめぐらし、その中に城櫓、城門を配していた。北端に近くに北千畳、南端に接して南千畳を配し、円山川渓谷一帯を制圧した。石垣を多用した山城としては稀有の城であった。

竹田城

CG復元

古武士の風格を漂わす壮大な石垣群

城跡が雲海に浮かぶ幻想的な姿は、「天空の城」「日本のマチュピチュ」とも呼ばれる竹田城。山城遺跡としては全国でも稀に主郭部の石垣が完存する城である。文禄・慶長初期を代表する、戦国期屈指の山城である

「但馬國朝来郡竹田城墟圖」部分（三康文化研究所附属三康図書館蔵）
文化元年（1804）に写された絵図。

本丸から見た竹田城南千畳（撮影／加藤理文）
標高約 353 メートルの虎臥山山頂の天守台からの眺望。眼下には円山川や三国に通じる街道を望むことができる。

竹田城天守台を南二の丸から望む（撮影／石田多加幸）
天守台は約 11 メートル×約 13 メートルの規模で、東側（城下町側）の石垣高は約 10.6 メートルと城内で最も高い。上面には礎石と考えられる石材が 5 石あり、その配置から4間（約 8 メートル）× 3 間（約 6 メートル）の礎石建物の存在が想定される。

竹田城鳥瞰 CG 復元
（制作／成瀬京司）
天守台をほぼ中央に、山頂主郭部の規模は南北約 400 メートル・東西約 100 メートル。天守台で礎石と考えられる石材が確認されていることから、三重天守を想定して描いている。また織豊時代の築造と考えて黒板壁の天守、櫓・板塀とした。

● CG 復元について／「但馬國朝来郡竹田城墟圖」、「竹田城絵図」、古写真、「竹田城跡測量平面図」、「地区割り図」などの資料を参考に復元している。

竹田城遠望（朝来市提供）　標高 353 メートルの虎臥山の山頂の壮大な石垣群は見所である。

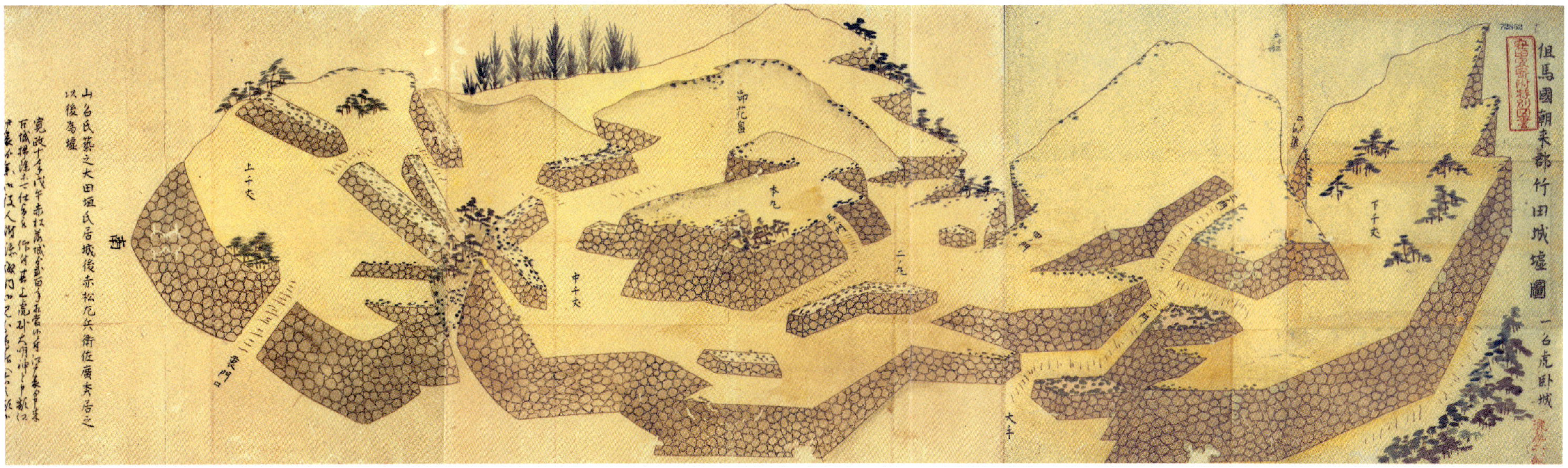

「但馬國朝来郡竹田城墟圖」
（三康文化研究所附属三康図書館蔵）
文化元年（1804）に写された本図には、『寛政十年戌年 赤松落城より弐百年相当候二付 江戸表より申来 古城掃除など 可仕旨被仰付（中略）石垣一向損不申 高さ三丈余有之 南北十二丁東西八丁有之候』と注釈がある。巽三重櫓の規模は7間×6間。明治3年の火災で惜しくも焼失した。

天守
本丸
二の丸
三の丸
南二の丸
南千畳
北千畳
大手口

竹田城南千畳（朝来市提供）
南千畳はほかの曲輪よりも格段に面積が広く、平面構成及び立体構成ともに計画的に配置されている。

石垣の要塞と化した近世山城

竹田城の築城の起源については、現在のところ確たる史料は見られない。江戸時代に記された史料には、山名宗全《やまなそうぜん》が嘉吉十三年（一四四三）に築き、太田垣光景が初代城主に任ぜられたとの伝承を紹介している。

戦国期、現在の竹田城の姿になるのは、播磨を平定した豊臣秀吉の弟秀長が但馬へと兵を進め、生野銀山を押さえる城として竹田城を支配下に置いてからと思われる。

秀吉は天正十年（一五八二）に配下の桑山重晴、天正十三年に赤松広秀を城主とした。その後、広秀は慶長五年（一六〇〇）までの一五年間、城主にあったが、その間、竹田城は大改造されたと考えられている。

秀吉政権によって大改造された城は、山頂部に本丸と天守台を構え、総石垣で城の守りを固めた山城であった。本丸から南に伸びる尾根に南二の丸と南千畳、北に伸びる尾根に二の丸と三の丸、北千畳を置き、西尾根に花屋敷を配置した。それぞれの曲輪には複雑な屈曲をともなった虎口や櫓を構えており、通路も折れと高低さによって簡単には城内を進めないようになっていた。

竹田城は、関ヶ原の戦いで赤松氏は西軍に属したため、城は戦後、廃城となった。現在、山上の石垣群や城内道がよく残る。

「天空の城」の第一号として

竹田城が雲海に浮かび上がる幻想的な雄姿から、「天空の城」と呼ばれて注目されるようになったのは、平成十八年のころからである。竹田城は知名度が上がるにつれて、来客数がそれまでの三万人余りから数年で二〇万人を越え、平成二十五年には約六〇万人と爆発的なブームとなった。また竹田城が脚光を浴びて以来日本各地において、越前大野城、備中松山城、郡上八幡城、津和野城など、霧や雲間に浮かぶ美しい景観の「天空の城」が生まれていった。

しかし竹田城では城跡の整備・管理や観光客への対応の必要性も急上昇することとなり、一部の石垣の崩落の危険性も高まった。そこで平成二十五年以降、城跡の保護と安全性を考慮して、冬季は入城禁止とし、その後、マットで地面を保護したり、ロープと木杭で観光ルートを設けたりするなどの処置がとられた。現在は天守台周辺の整備も完了して城跡は全面公開された。

復元CGには竹田城の軍事基地としての揺るぎない完璧さと、雲海に包まれた幻想的な天空の城の景観が描き出されている。

（吉谷純一）

岡山城

現況を見る

漆黒の外観の特異な天守

岡山城天守は豊臣家五大老の一人・宇喜多秀家が築造した、関ヶ原の戦い以前の古式を伝える天守である。戦前には国宝であった天守は惜しくも戦災で焼失したが、昭和四十一年に外観復元された

岡山城空撮（撮影／中田真澄）
烏城公園の一部である岡山城本丸部分は、天守のある本段、表書院跡がある中段、軍事施設などの跡がある下段で構成されている。城内には国重要文化財の月見櫓をはじめ、再建された城門などが往時の姿を偲ばせている。

●築城年／天正 18 年（1590）　●築城主／宇喜多秀家　●所在地／岡山県岡山市丸の内
●交　通／JR 山陽本線岡山駅下車。徒歩 20 分

天守
月見櫓
本丸本段
不明門
本丸中の段
内堀
本丸下の段
目安橋

岡山城

CG復元

――黒漆塗の下見板張に覆われた烏城

豊臣一門に準じる抜擢を受けた宇喜多秀家が大改修して築いた城である。天守は外壁が黒漆塗の下見板張で、軒先には桐紋金箔瓦が燦然と輝いていた。秀家が秀吉の大坂城を参考にして築いたと伝わる

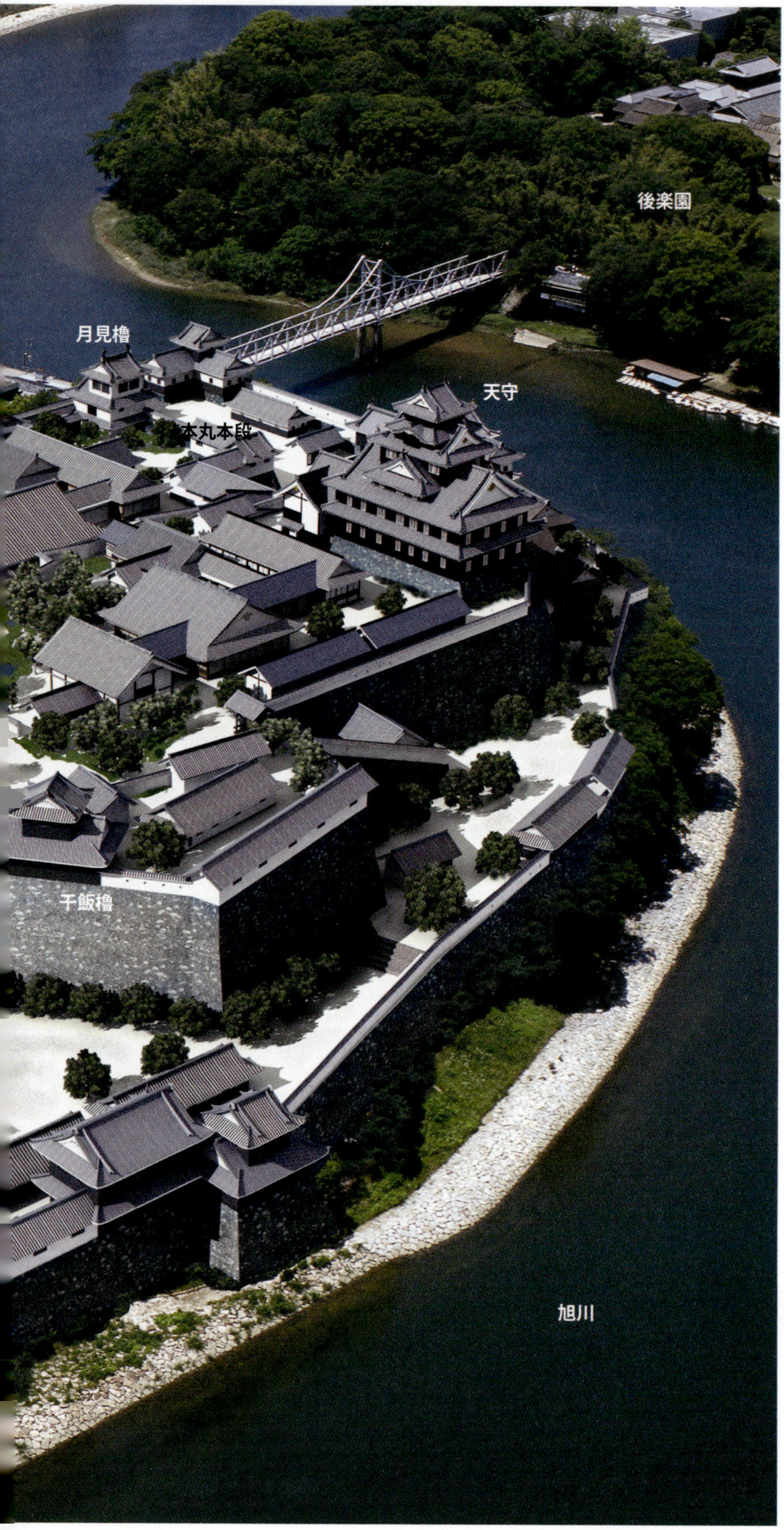

岡山城本丸鳥瞰ＣＧ復元
（制作／３ＫＩＤＳ　ＣＧ　長尾美知子）
岡山城の本丸本段には天守、本段御殿があった。本段の西に高さ５メートルほどの石垣を隔てて中の段。中の段の南・西・北方は高さ 10 メートルの高石垣によって画されている。郭内は表書院と呼ばれた御殿が建っていた。表書院は岡山藩の政庁で、本段の御殿と並立していた。下の段は低い位置にあり、帯曲輪的な部分の総称である。

● CG 復元について／この岡山城 CG は「岡山古図」、「備前国岡山城絵図」、「岡山城下之図」、古写真などを参考にして制作された。

旭川
大納戸櫓
本丸中の段
不明門
鉄門
内下馬門枡形
目安橋
三階櫓
本丸下の段
内堀
宍粟櫓
中門
旗櫓

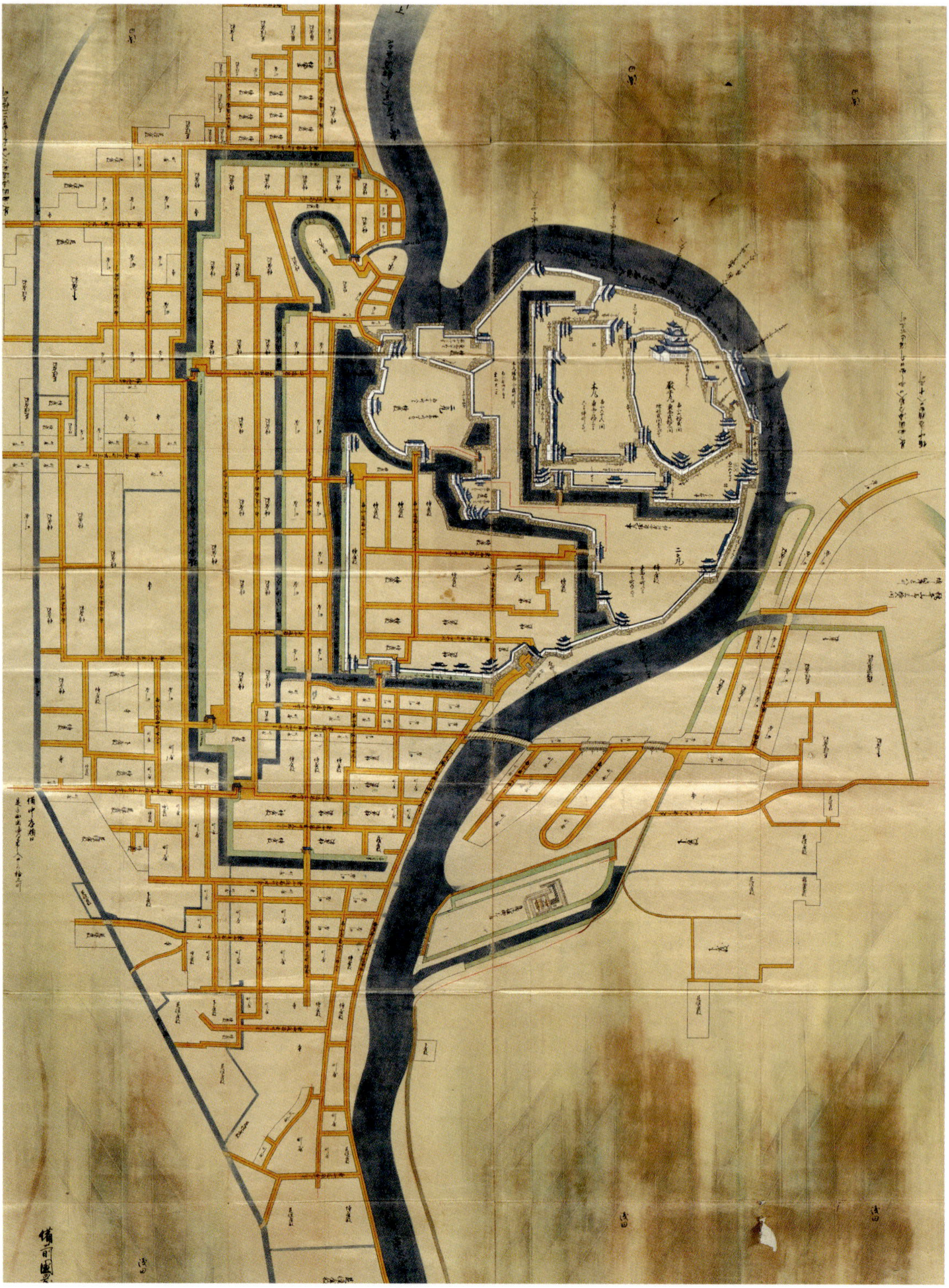

「備前国岡山城絵図」（池田家文庫・岡山大学附属図書館蔵）
正保元年（1644）、幕府は城下町の地図を諸藩に命じ作成させた。各藩は数年で絵図を作成し提出した。この絵図には城郭内の建造物、石垣の高さ、堀の幅や水深などの軍事情報が精密に描かれている。

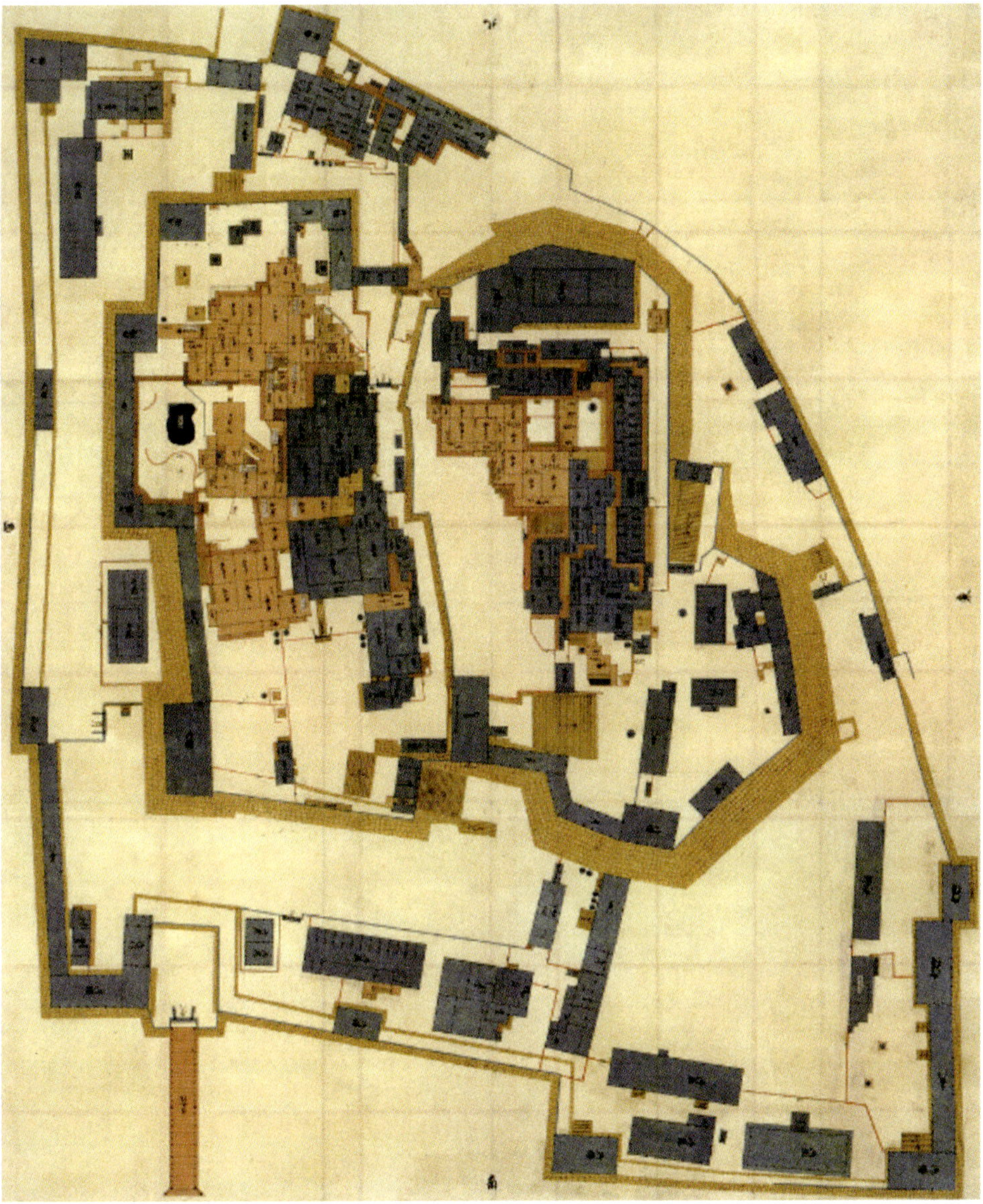

「御城内御絵図」（池田家文庫・岡山大学附属図書館蔵）
元禄13年（1700）3月作成。絵図には色紙を貼り付けていて、黒っぽく見える部分は瓦葺き、薄茶色に見える部分が檜皮葺きと板葺きの建物となっている。各部屋の間取りと畳の数などが詳しく描かれている。

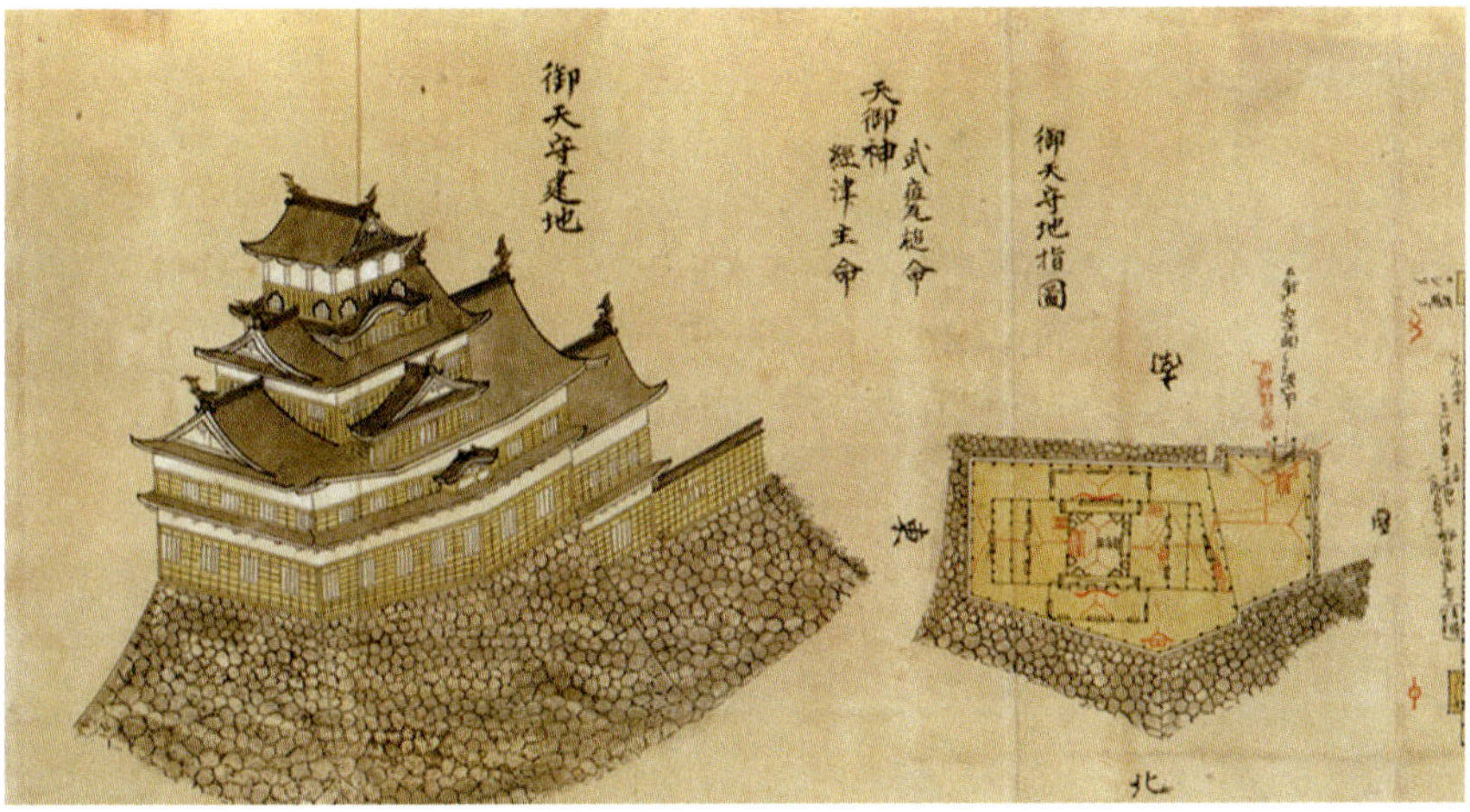

「牙城郭櫓実測図」（池田家文庫・岡山大学附属図書館蔵）
幅26・7センチメートル×長さ720・4センチメートルの巻物に描かれた岡山城内。本丸の天守・櫓・城門・供部屋の平面図と立面図などの実測に基づいた製図であると考えられる。修理に備えて作成された建築技術者の個人的な控えであるらしいと、所蔵者である岡山大学附属図書館では考えている。

岡山城本丸内下馬門桝形CG復元
（制作／3KIDS　CG　長尾美知子）
岡山城の南西隅周辺を描いている。内堀に架かる橋は目安橋。橋を渡ると本丸の入口・内下馬門桝形。高麗門、櫓門を抜けると本丸下の段に到着する。天守までは、いくつかの門を通らなければならない。

目安橋方向から写した大納戸櫓
（岡山市教育委員会提供）
明治初期の撮影。橋の正面に見えるのは本丸内下馬門（本丸大手門）の高麗門。その左は内下馬門の櫓門。櫓門の奥に見えるのは中の段にある大納戸櫓。右上にかすかに天守が見える。

■戦国の梟雄宇喜多直家の居城

主君に背き、戦国大名に成り上がった戦国の梟雄《きょうゆう》宇喜多直家は、元亀元年（一五七〇）、金光氏の居城石山城を乗っ取り、大改修して居城とした。さらに子の秀家が天正十八年（一五九〇）から再改修、石垣造の城とする。

城の西側を流れていた旭川の流路を付け替え、さらに城郭の北側で東に向かう蛇行部をつくって外堀とし、この湾曲部に新たな本丸を造営した。

黒漆塗・下見板張、金箔瓦を葺いた五重六階の望楼型の大天守をあげ、これは、その漆黒の外観から「烏城」とも呼ばれた。

■秀家のつくった「烏城」

秀家は、父直家が年少の秀家を秀吉に託して没したため、秀吉の養子となり、のち、若くして五大老のひとりに登用された。秀家は秀吉から愛顧を受け、信頼も厚かったため、秀吉がこの城の築城に関して助言、援助をしたとも伝わる。そのためか、天守の黒漆塗の下見板張、金箔瓦の外観には大坂城の影響があるともされる。また、不等辺五角形の天守台の上に不等辺六角形の一重目が、さらにその上に長方形、最上層に方形の載る構造は、安土城を模したともいわれる。

月見櫓（岡山市教育委員会提供）
国重要文化財。本丸内で戦災を免れた唯一の建物。池田忠雄が岡山城主時代に造営した二重二階・一部地階の櫓。

西の丸西手櫓（岡山市教育委員会提供）
国重要文化財。初代藩主の兄・池田利隆が、江戸時代初頭に二の丸の西側の防備のために設けた隅櫓である。重箱櫓とも呼ばれ一階と二階の広さが同じである。

要害門（岡山市教育委員会提供）
下の段から直に本段に通じる階段は六十一雁木と呼ばれ、上にある要害門（六十一雁木上門）は、昭和41年に薬医門形式の模擬建築が建てられた。

大納戸櫓の石垣（岡山市教育委員会提供）
岡山城には、築城時の「野面積」から江戸時代初頭「打込はぎ」、その後の「切込はぎ」と各時期の石積みが観察できる。この写真は慶長年間頃・小早川期の大納戸櫓の石垣で自然石を使用しているが、隅は直角になっている。

秀家は関ヶ原の戦いの後に改易され、死罪を免れるものの、八丈島に流された。

小早川氏・池田氏の改修

このあと、関ヶ原本戦で突如西軍から東軍に寝返った小早川秀秋が入封して本丸を改修、外堀を掘削して城域の拡張を開始した。だが二年後、二十一歳で早世。無嗣断絶となると、池田輝政二男の忠継が入封。まだ五歳の城主を代行して異母兄利隆が城に入り、改修は継続された。忠継は十代後半で病没したため、元和元年（一六一五）、弟忠雄がその跡を継ぎ、現存する本丸月見櫓などをあげ、ほぼ岡山城の最終形となる。完工時の岡山城には、天守はじめ櫓三五、多聞櫓六、城門二七が存在していたという。

昭和に天守を復元

明治に入ると城内の建造物は天守、月見櫓、西の丸西手櫓、石山門などを除いて取り壊され、堀も埋め立てられた。戦時中の空襲では天守、石山門を失うが、月見櫓、西の丸西手櫓は現存。天守は昭和四十一年に外観復元された。

廊下門、不明門、六十一雁木上門、塀の一部が復元されている。昭和六十二年、「岡山城」として国の史跡に指定された。（服部　崇）

姫路城

現況を見る

四百年前の姿をとどめる奇跡の城

国宝、世界遺産。新幹線の車窓や市内各所から望見できる白亜の天守はまさに「白鷺」そのものだ。複雑な縄張内に配置された櫓や門、それを囲む堀と石垣、国宝と重要文化財だらけの城域は、その構造自体も含めて、どれをとっても見ごたえがある

姫路城空撮（姫路市提供）
現在見られる城は、慶長５年（1600）に入封した池田輝政の大改修を得て、天守群が建てられた。御殿建築こそ残されていないが、国宝指定の五重七階の大天守をはじめとする天守群や、数多くの櫓や城門が現存し、往時の城の姿を伝えている。

●築城年／天正８年（1580）、慶長６年（1601）　●築城主／羽柴秀吉、池田輝政
●所在地／兵庫県姫路市本町　●交　通／JR 山陽本線姫路駅下車。徒歩 15 分

大天守
西の丸
備前丸
三の丸
内堀
大手門
中曲輪

姫路城CG復元

池田輝政が築いた壮麗な城

姫路城は近世城郭の中で、最も多くの建造物が現存する城である。それでも内堀内に残っている天守群や本丸周辺の建物のみである。左図は往時の姿を再現しているが、重防備な各曲輪の構えは、見る方向によって様々な趣きがある

姫路城鳥瞰CG復元
（制作／3KIDS　CG　長尾美知子）
関ヶ原の戦い後の慶長最盛期（1601～15）に建てられた各地の天守はいずれも重防備であった。姫路城は好例で、大手門から天守までの関門の数は多く、大天守と小天守3基を最終拠点として最後の抵抗を試みる計画である。また、平山城である姫路城は、城外からも天守や櫓群がよく目立ち、その壮麗さは難攻不落を思わせ、戦略的に優れた名城である。

●CG復元について／この姫路城CGは「播州姫路城図」、「姫路城保存修理工事報告書」、「姫路城内郭実測図」、「姫路侍屋敷図」、古写真などを参考にして制作された。

大天守
備前丸
三国堀
菱の門
西の丸
三の丸

「姫路城侍屋敷図」（姫路市立城郭研究室蔵）
酒井家時代の寛延２年（1749）～文化 13 年（1816）の頃の絵図。13 色を使って土地利用の分別を示している。

姫路城天守群遠望（姫路市提供）
大天守最上重は真壁造、他は大壁造である。板張から屋根の軒裏まで総漆喰塗で、白亜の天守群と称賛される構造と美を誇る。

天守群周辺（撮影／中田眞澄）
天守群の手前が備前丸。その手前が上山里曲輪。備前丸は築城主・池田輝政が居住した曲輪で、客と会見する対面所などがあった。大天守は五重六階・地下一階、西小天守は三重三階、乾小天守は三重四階・地下一階、写真には見えない東小天守は三重三階・地下一階である。それらを口字型に渡櫓で連結した連立式天守を形成している。

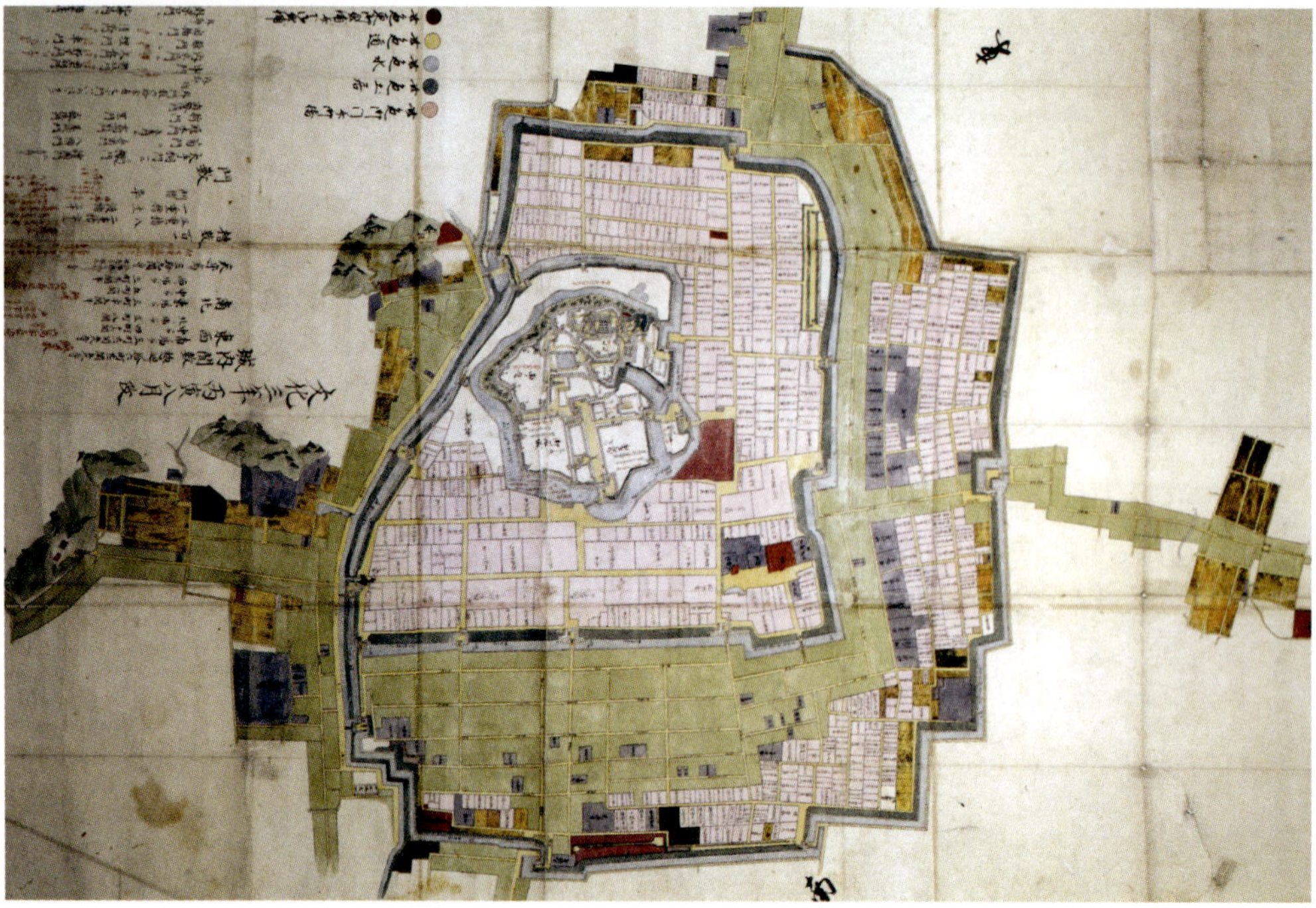

「姫路城下絵図」（兵庫県立歴史博物館蔵）
酒井家時代に描かれた絵図。絵図の余白に、文化3年（1806）の城内間数や櫓・門・矢狭間・井戸などの諸施設の数が記入されている。また13色を使って土地利用の違いを細かく分類している。

練兵場と姫路城（個人蔵）
明治期の撮影。手前は陸軍の建物（姫路城は兵部省が所轄した）。

明治７年頃の姫路城（兵庫県立歴史博物館蔵）
まだ手前に武家屋敷が点在している。

黒田孝高が秀吉に献上

天正五年（一五七七）、羽柴秀吉は織田信長の命で中国遠征の軍を起こす。これに呼応して、祖父の代から小寺氏の重臣として姫路城を守っていた黒田孝高は、毛利・織田の間で存在感を弱めて没落しつつあった小寺氏を見限り、秀吉に城を献上。秀吉はここを毛利氏攻略の拠点として整備を開始する。この時、どの程度の改修が行われたか不明な点も多いが、三重の天守が築かれたという。

同十年、本能寺の変が起こると、秀吉は「中国大返し」で明智光秀を討つ。その後の信長後継の争いも優位に進め、天下人への地歩を固めていく過程で秀吉は大坂城を築城、この姫路には戻らなかった。

「白鷺城」の誕生

関ヶ原の戦いの後、慶長五年（一六〇〇）、木下家定に代わって徳川家康の娘婿池田輝政が入封。家康はこの城を西国の押えとした。輝政は翌年から、徹底した大改修を行う。現存の五重六階地下一階の大天守に三基の三重小天守を、二重の渡櫓でつないだ連立式の天守群はこのときに築かれたものである。こうして白漆喰総塗籠の、白く輝く「白鷺城」が誕生。同時に姫山と鷺山にまたがる形で、本

西の丸を望む（撮影／松井久）
元和3年（1617）、池田氏の転封の後、本多忠政（本多忠勝の長子）が姫路城主となり、整備されたのが西の丸である。忠政の嫡子忠刻と将軍秀忠の娘千姫夫妻の居所として現在の姿に整えられた。

姫路城を西より遠望（鳥羽コレクション）
明治期の撮影。明治 43 年に姫路城の大修理に着手されるが、写真はそれ以前の撮影か。

丸、二の丸にかけて複雑な縄張が構築される。

元和三年（一六一七）、輝政の孫の光政が鳥取に転封。その後に桑名から入った本多忠政が西の丸を付け加えて現在の形となった。

■破却の危機を乗り越え現代へ

天下の「白鷺城」として江戸期を過ごした城も、明治の廃城令で一度民間に払い下げられてしまうなど、荒廃の危機が訪れた。しかし、これを惜しんだ当時陸軍で建築・修繕担当の部署にいた中村重遠が陸軍省に交渉し、明治十一年、名古屋城とともに陸軍による維持管理がはかられ保存されることに。こうして現在の世界遺産は破却を免れた。

戦時中、姫路も、空襲によって市街地は瓦礫と化した。しかし姫路城は奇跡的に戦禍を免れ現在に至っている。大空襲後の姫路市街に立つ「白鷺」は市民を勇気づけたという。

現在八棟の建造物（大天守、東小天守、西小天守、乾小天守、イ・ロ・ハ・ニの渡櫓四棟）が国宝に、門・櫓・塀など七四棟が重要文化財に指定されている。平成五年には世界遺産にも登録された。

この城は明治、昭和の二度の大改修と平成二十七年に壁・瓦などの補修作業を経ている。その大改修と補修作業の度「白鷺」の優美な姿を取り戻してきた。

（服部　崇）

大坂城──徳川の城の下に眠る豊臣の城

現況を見る

大阪城公園の中に日本初のコンクリート造の模擬天守が建つ。火災、空襲と時代の災厄を乗り越えて来たため残る建造物は少ないが、どれも貴重なものである。城内の縄張はほぼ残り、構造は江戸時代と変わらない。大規模に組まれた石垣と堀は実に見事だ

大坂城空撮（撮影／中田眞澄）
西南方向からの撮影。天下普請で完成した徳川氏時代の大坂城の本丸・二の丸・西の丸。写真の左上に天守が建つ。右手前の二の丸にある高石垣が連続した屏風折れの石垣、幅約70メートルの水堀は壮観である。

●築城年／天正11年（1583）、天和6年（1620）●築城主／豊臣秀吉、徳川幕府 ●所在地／大阪府大阪市中央区大阪城
●交　通／JR大阪環状線大阪城公園駅下車。徒歩10分

天守
極楽橋
山里丸
内堀
本丸
桜門
西の丸
千貫櫓
六番櫓
二の丸
大手門
西外堀
大手口
南外堀

大坂城

CG復元

——幕府の威信を示すべく築造した大城郭

大坂夏の陣で豊臣家を滅亡させた幕府は、上方と西日本全域の支配体制を確立するために、大坂城の再築計画を実行した。ついに完成した大城郭は、秀吉大坂城を凌駕し、大坂を守護するとともに西国の押えとして燦然と輝いた

大坂城鳥瞰ＣＧ復元
（制作／3KIDS　CG　長尾美知子）
豊臣時代の大坂城本丸は、現在の徳川再築の本丸とほぼ同規模であり、現状の城壁の複雑で細かな屈曲は、豊臣時代の状態がそのまま継承されている。豊臣時代との相違点は、天守の位置が西北よりでなく東北よりであったことと、本丸の石垣が上中下の三段構えであったことぐらいである。

●CG 復元について／この大坂城 CG は「大坂築城丁場割図」、「大坂御城御天守図」、「大坂御城図」、「大坂御城惣絵図」、古写真などを参考にして制作された。

天守
糒櫓
西片菱櫓
本丸
御成門之内櫓
埋門向櫓
内堀
本丸
数寄屋前櫓
西南隅櫓
西の丸
千貫櫓
大手門
西外堀
大手口

大坂城本丸東面の高石垣上の櫓群ＣＧ復元
（制作／成瀬京司）
大坂城で最大の高さを誇る高石垣。水堀の水面上から約24メートル。この高石垣上に三重櫓が連なっていた。手前より糒櫓（三重、８×７間）、月見櫓（三重、７×６間）、馬印櫓（三重、７×６間）、東南隅櫓（三重、８×７間）。大坂城の本丸の櫓の大きさは、大クラスは９×８間、中クラスは８×７間、小クラスは７×６間の規模である。

大坂城本丸東面現状（撮影／成瀬京司）
二の丸南面の水堀とともに大坂城が誇る高石垣。三重櫓は横矢掛りのための石垣屈曲部に建っていた。

大坂城山里丸東菱櫓と天守ＣＧ復元
（制作／成瀬京司）
前頁ＣＧ画の手前にある山里丸の東菱櫓（二重、７×６間）、その左は本丸の糒櫓（三重、８×７間）。後方には昭和に再建された天守が見える。

大坂城山里丸東菱櫓石垣現状（撮影／成瀬京司）
本丸の高石垣より下段に山里丸が配置されている。

大坂城本丸桜門周辺ＣＧ復元
（制作／成瀬京司）
二の丸から本丸の桜門に向かう土橋右方向のＣＧ復元。左は桜門桝形の櫓門、右には渡櫓と南ノ手櫓（三重、７×６間）。

大坂城本丸桜門周辺現状（撮影／成瀬京司）
桜門は本丸の正門である。本来は桝形で構成されていたが、現在は一の門である高麗門がある（国重要文化財）。

秀吉の造営した大坂城要害城

織田信長が天下統一の過程で最も苦しんだ戦いの一つが本願寺勢とのそれだった。元亀元年（一五七〇）から続き、天正八年（一五八〇）、やっと講和が成立する。こうして信長は石山本願寺を獲得し、ここに新たな城の造営を計画した。

信長は丹羽氏等に新たな築城を前提とした本願寺の修築を命じた。その後同十年、本能寺の変後、清洲会議、賤ケ岳の戦いで信長後継を現実化した羽柴秀吉（豊臣秀吉）は翌年、独自の構想で、この地に大坂城の築城を開始する。

工事は石山本願寺の遺構も利用され、二年後、五重六階地下二階、かつてない豪壮なスケールの望楼型の大天守（高さおよそ四〇メートル）があがる本丸が完成、三年後に輪郭式の城郭が完成する。

文禄三年（一五九四）からは、総構の構想によって、城域を拡張、さらに造営を進める。

慶長三年（一五九八）に秀吉は没し、同十九年、大坂冬の陣が勃発。外堀を埋める条件で徳川方と和議を結ぶが、二の丸、三の丸の堀も埋められて、翌年の夏の陣では、城の防御力を大きく削がれ、五月七日威容を誇った大城郭も灰燼《かいじん》に帰す。

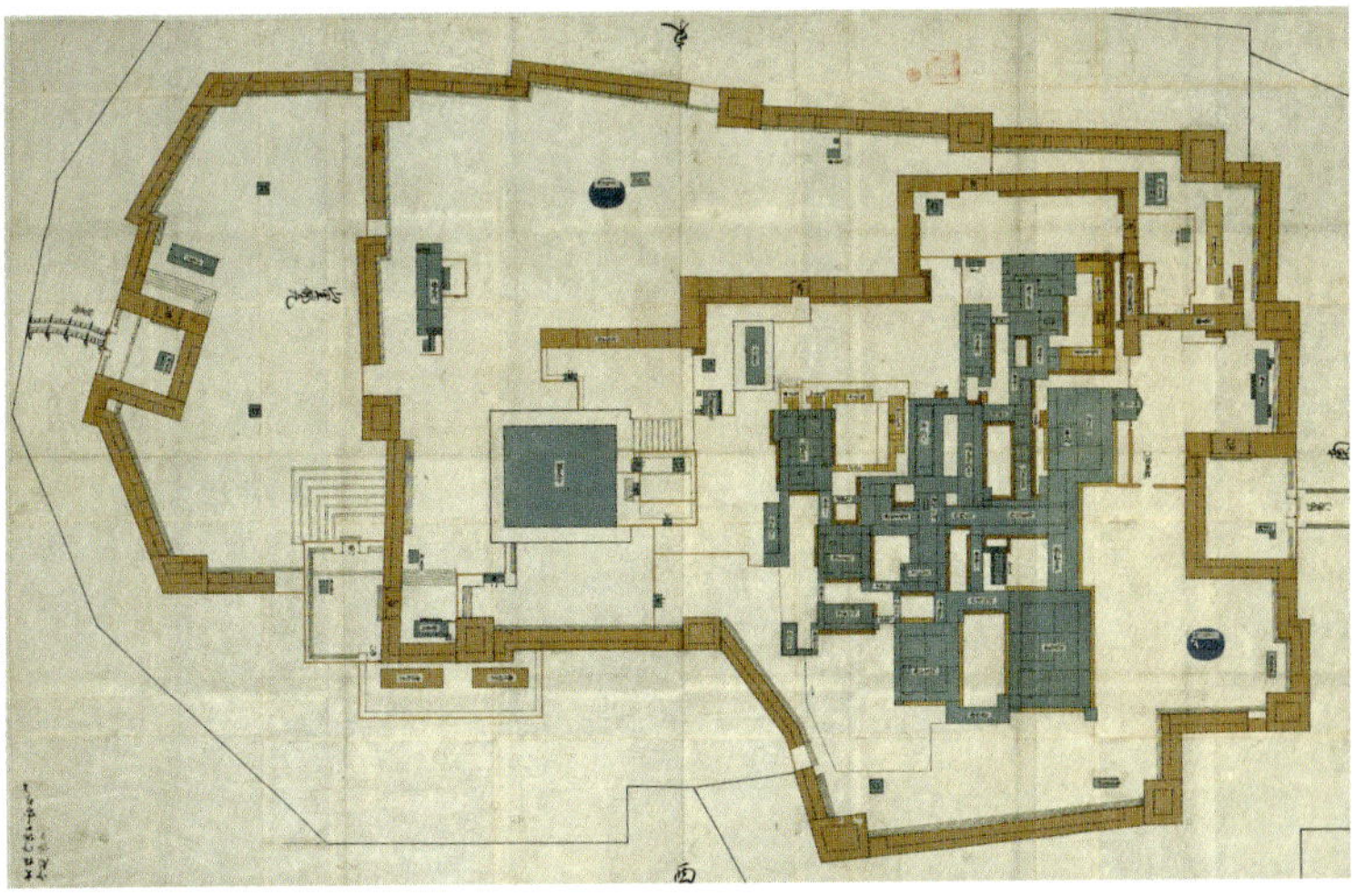

「大坂御城御本丸并御殿絵図」（国立国会図書館蔵）
江戸時代前期に描かれた絵図。国立国会図書館蔵の「大坂御城図」の本丸部分を描いたような絵図である。

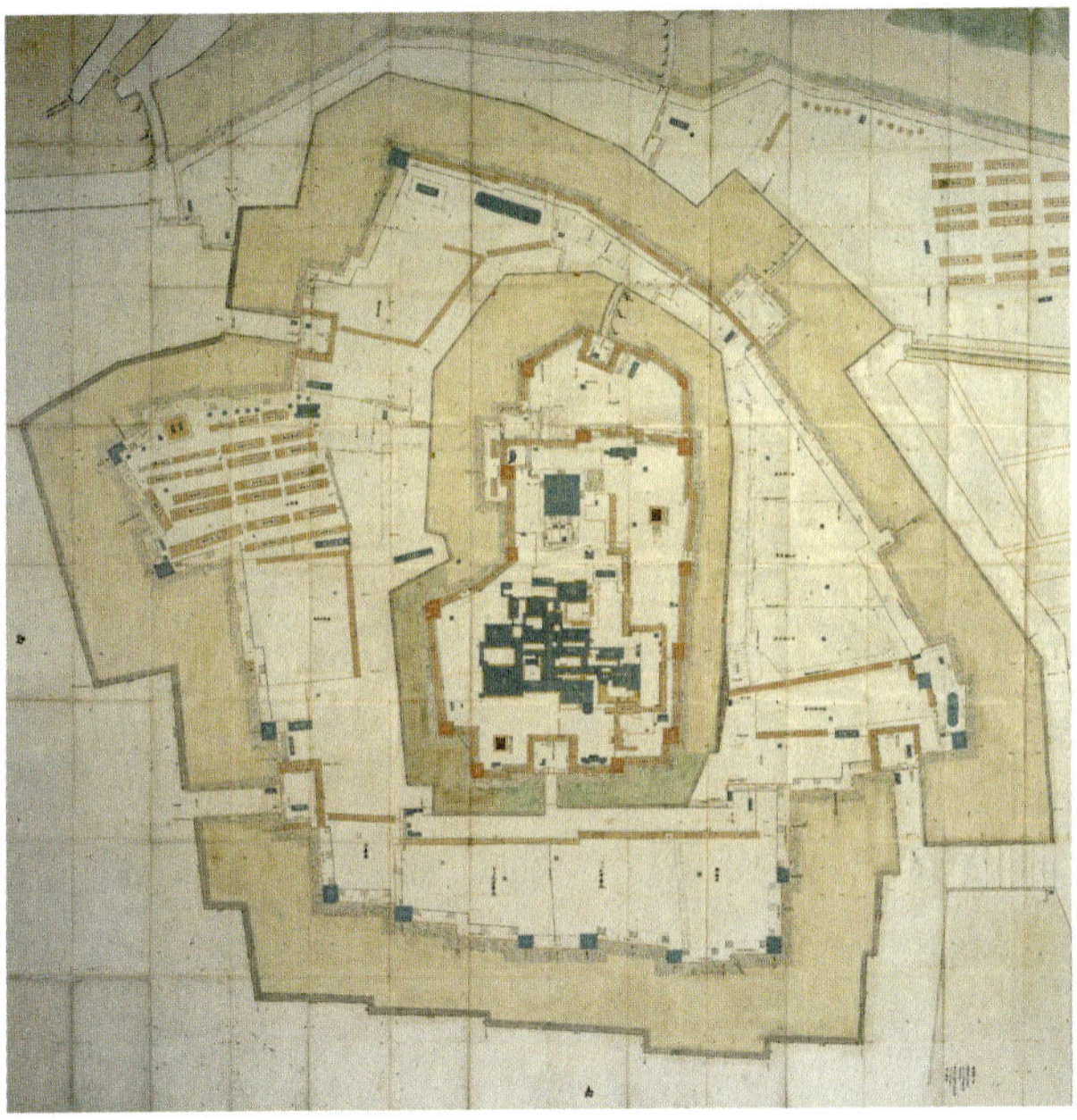

「大坂御城図」（国立国会図書館蔵）
承応～明暦年間（1652～58）頃に描かれた絵図。本丸と二の丸を14畳ほどの大きさに描いている。

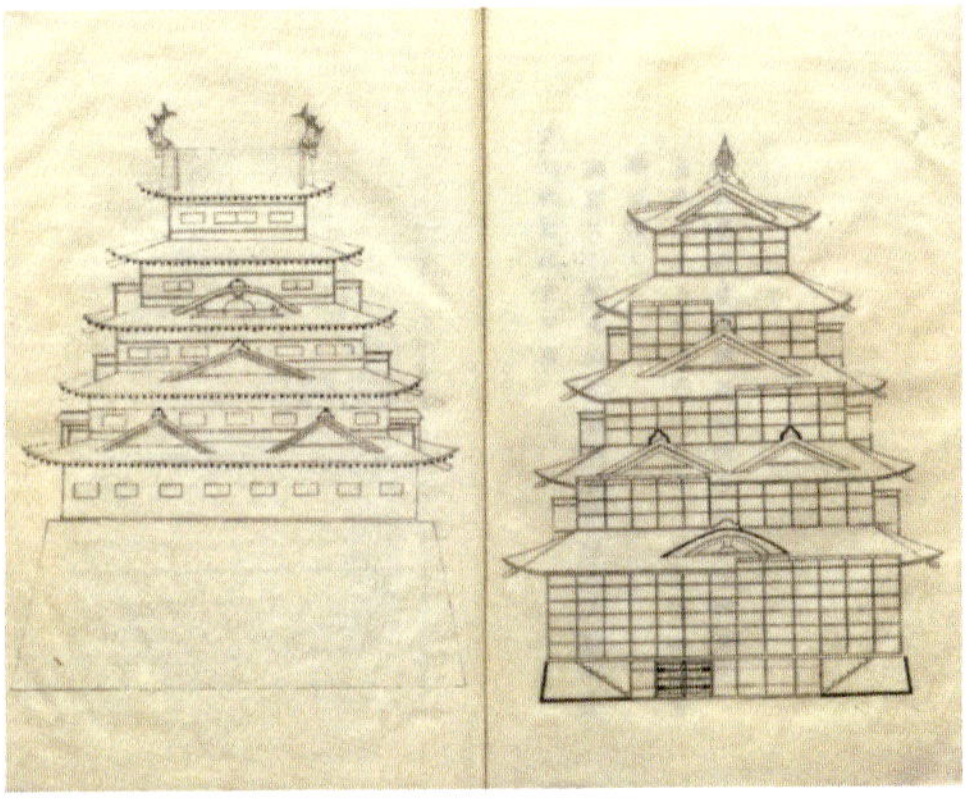

「大坂御城御天守図」（国立公文書館）
浅井幽清稿『摂津徴』所収。寛文5年（1665）の焼失前の天守図を写したものといわれる。

豊臣大坂城を凌ぐ徳川大坂城

その後の大坂城は、元和六年（一六二〇）、徳川秀忠が家康の遺志を継いだ形で西国六四藩の外様大名に新たな大坂城の造営を命じる。徹底的に豊臣大坂城を破壊し、その上に膨大な土砂を盛り、工事が開始された。

工事は断続的に寛永六年（一六二九）まで続き、巨大な花崗岩を用いて豊臣大坂城の約二倍の高さの高石垣を築き、天守台を含めた高さ、およそ五八・五メートル、五重五階地下一階の巨大天守が完成。多数の櫓のあがった城郭は、豊臣時代の大坂城をはるかに凌駕《りょうが》した。だがこの天守は寛文五年（一六六五）に落雷によって焼失、その後の再建はなされなかった。

昭和六年、復興天守へ

明治に入ると、城内には陸軍の施設が置かれるが、昭和六年、鉄筋コンクリート造の天守が竣工する。復興天守の外観は主に豊臣時代を模し、一部に徳川時代の意匠を折衷した五重・望楼型のものである。

現在残る遺構には石垣、二の丸大手門、多聞櫓、千貫櫓、乾櫓、一番櫓、六番櫓、焔硝蔵、金蔵、金明水井戸屋形などがある。

（服部　崇）

広島城

現況を見る

毛利氏が拠点とした河口の大城郭

豊臣秀吉の奨めもあって築かれたという広島城は完全な平城で、颯爽とした五重天守に象徴されるように、毛利氏の威勢を示す城であった。シンプルながら堅固な縄張に天守はじめ多数の櫓群を構えた揺るぎない大城を見る

広島城空撮（撮影／竹重満憲）
太田川河口の三角州上に位置した平城・広島城。中国・四国地方随一の規模を誇った広島城は、明治維新後、本丸・二の丸は陸軍の用地となり、天守をはじめ数棟の建物が現存し旧状を良く残していた。昭和 20 年の原子爆弾により灰燼に帰したが、現在では復興天守・二の丸表門・平櫓・太鼓櫓が復元され、往時の面影を伝えてくれる。

●築城年／天正 17 年（1589）　●築城主／毛利輝元　●所在地／広島県広島市中区基町
●交　通／JR 山陽本線広島駅下車。広島電鉄市内線紙屋町下車。徒歩 15 分

天守
本丸上段
内堀
本丸下段
表御門
御門橋
平櫓
二の丸

広島城

CG復元

五重天守と古式縄張をもつ広島城

広島城本丸は、地盤の高い上段を北部に設け、南部は低い下段となる二段構えである。上段北西隅に五重天守を設け、上段内は本丸御殿となっていた。二の丸は郭が小さく、本来は馬出として設けられたと考えられている

広島城本丸・二の丸ＣＧ復元
（制作／３ＫＩＤＳ　ＣＧ　長尾美知子）
左図は本丸・二の丸石垣上に往時の広島城天守群、豪華を誇った本丸御殿を再現している。広島城天守群は慶長３年（1598）当時では、豊臣秀吉の大坂城天守を凌駕する規模を誇った。その10年後に姫路城天守群が竣工するまでは、その地位は揺るぎなかった。

●CG復元について／この広島城CGは「安芸国広島城所絵図」、「広島絵図（元和五年御入国之砌御城下絵図）」、「芸州広島之図」、「万延元年広島城下絵図」、古写真などを参考にして制作された。

天守
東小天守
本丸上段
南小天守
内堀
二重櫓

「安芸国広島城所絵図」（国立公文書館蔵）
正保元年（1644）、幕府が諸藩に命じて作成させた城下町の地図。大天守と東小天守と南小天守が描かれており、小天守の外観を正しく伝える唯一の貴重な資料とされる。

広島城周辺空撮
（公益財団法人広島観光コンベンションビューロー提供）
太田川河口のデルタ地帯に築かれた広島城は、完全なる平城である。太田川がくも手に分かれる中央の広い砂州を城地としている。現代は築城当時よりも埋め立てられて海側から離れているが、海上交通の便は良かった。

二の丸表御門（広島市提供）
二の丸入口にある門で、櫓門と呼ばれる形式の門。原爆により焼失していたが、平成６年復元された。

二の丸太鼓櫓（撮影／中田真澄）
二の丸東南隅にある二重櫓で二階部分に時を告げる太鼓が置かれ、侍の出仕の合図などに使用されていた。平成６年に復元された。

戦災前の広島城天守東面（個人蔵）
天守下方の切妻造の渡櫓（東廊下）は、東小天守（三重）と天守とを結んでいた。戦後再興の際には、この渡櫓を省略している。

広島城天守遠望（広島市提供）

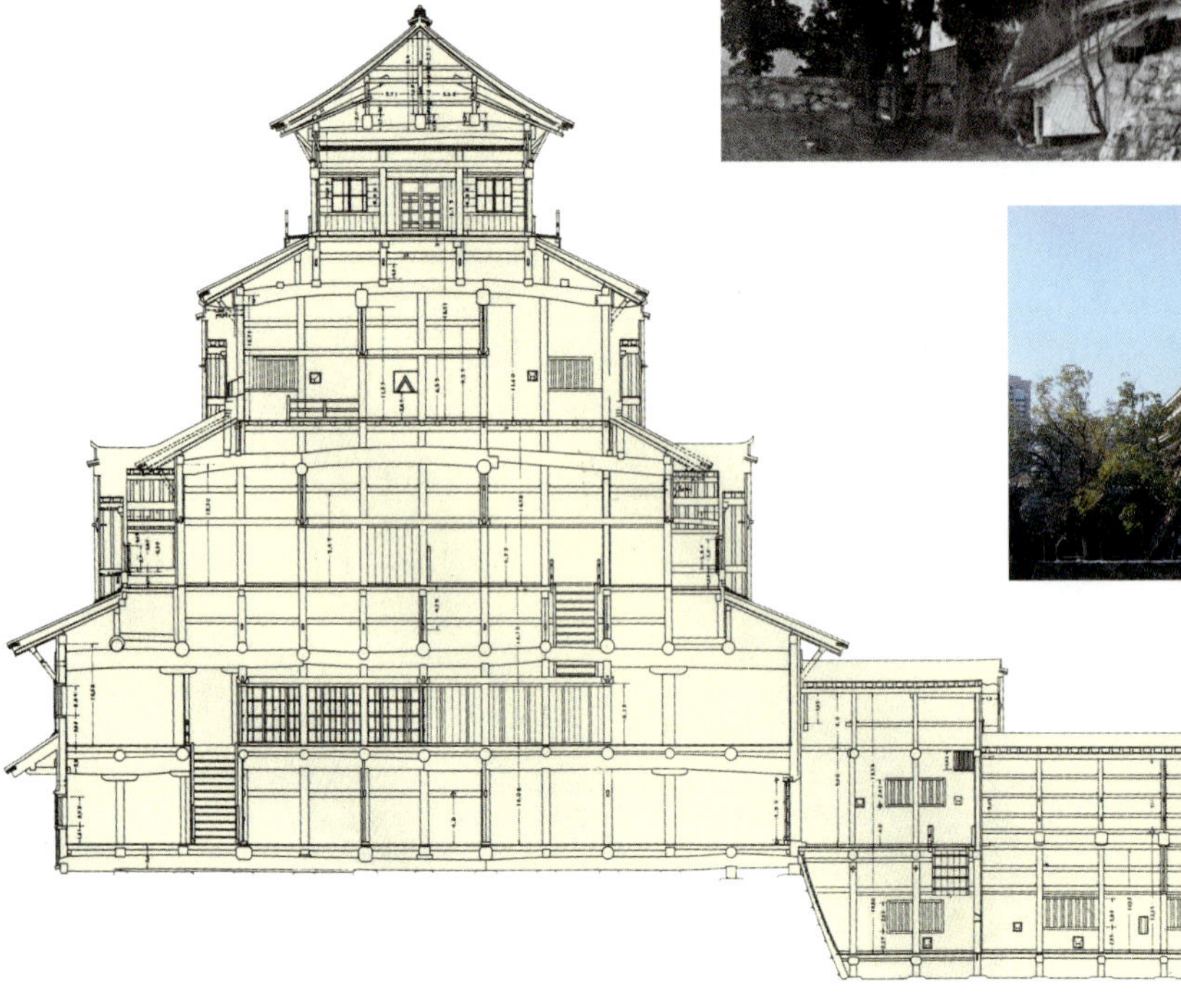

広島城天守東西断面図（戦前実測図・文化庁蔵）
天守は五重五階。一・二階は東西12間・南北9間、三階は東西8間・南北7間半、四階は東西6間・南北5間半、五階は東西3間半・南北3間半。高さは約26.3メートル。天守台石垣と天守の高さを合わせると約38メートル、12階建てビルに匹敵する。

毛利輝元が新たな本城として築く

戦国時代、中国地方の覇者となった毛利氏が、吉田郡山城に替わる本城として築いた城が広島城であった。吉田郡山城は郡山に二七〇余りの曲輪を置いた戦国を代表する巨大な山城ではあったが、拠点城郭としての利便性や城下町経営を考えて、新たに広島城が築かれたのである。毛利輝元によって太田川河口の三角州に完全な平城が完成したのは慶長四年（一五九九）。ここは瀬戸内海に面しており、水陸交通を掌握できる要地であった。

城の縄張は豊臣秀吉の聚楽第を模したともいわれ、南北に長い長方形の本丸の南に二の丸が馬出状に突き出す。二つの曲輪を総石垣で固め、周囲には極めて幅広の水堀を巡らした。三の丸は梯郭式に本丸と二の丸を抱き込み、外郭（大手）がその東と南に置かれた。ここまでが毛利氏の縄張で、毛利氏移封後に入った福島正則により北と西にも外郭が増設された。各曲輪の塁線には二重櫓や平櫓が六〇基余りも建て並べられ、極めて堅固な城構えをしていた。

本丸の北西には五重五階で東と南に小天守をつき従えた壮大な天守が城の象徴として聳え建った。小天守二基を連結した天守は広島城天守だけであった。本丸は上下段に分かれ、

復興された広島城天守（撮影／石田多加幸）
昭和33年に外観復元された。

広島城天守南立面図（戦前実測図・文化庁蔵）
天守の一階から四階までは、外壁は下見板張とし、窓は格子窓として外側に突き上げる板戸を釣る形式である。五階は柱や長押を白木として両側に華頭窓を設けて飾っている。

天守は上段の北西隅に建ち、その前方の敷地に本丸御殿が甍を連ねた。御殿の主要殿舎である書院や大広間は南側に設けられて表向きの儀式や行事が執り行われ、藩主の生活空間を構成する殿舎は主として西・北側に設けられた。

福島正則は善政をしいて藩内は安定したが、石垣の無断修築などを咎められて領地没収となった。その後に入った浅野氏が幕末まで続いた。昭和二十年、原爆投下によって天守を始め中御門や二の丸の門・櫓が灰燼に帰してしまった。

■天守と二の丸の門・櫓が復元

昭和三十三年、原爆で崩壊した天守が戦前の古写真や実測図によって再建された。古式で格調高い意匠の五重天守は外観復元され、内部は博物館になったが、二基の小天守と廊下は復元されていない。

本丸南面の二の丸の門と櫓も原爆で失われた。被災後に残っていた建物は表御門と太鼓櫓及び南面の多聞櫓であった。平成六年、江戸時代の状況に戻す形で二の丸の復元事業が行われた。これによって二の丸正門の表御門、南西隅の平櫓、南東隅の太鼓櫓、南面と東面の多聞櫓がすべて木造で復元され、本丸の前衛たる二の丸がよみがえった。（吉谷純一）

岡城

奇跡のように山塊に積み上げた高石垣の城

現況を見る

天神山の断崖絶壁に構えられた砦は、やがて石垣を積み上げ、広大な曲輪や御殿を営んだ天空の要塞として生まれ変わる。一分の隙なく高石垣で築かれた曲輪や城内の通路・虎口と、本丸に聳え建つ優美な三重櫓を遠望する

岡城高石垣（大分県提供）
白滝川と稲葉川に挟まれた阿蘇溶岩台地の絶壁上に、高石垣を積み上げた本丸、二の丸、三の丸、西の丸が残る。川岸からそそり立つその姿は難攻不落といわれた天然の要塞であったことを感じさせる。写真は中川覚左衛門屋敷跡方面を望む。

●築城年／文禄３年（1594）●築城主／中川秀成 ●所在地／大分県竹田市竹田
●交　通／JR 豊肥本線豊後竹田駅下車。バス「岡城入口」下車。徒歩 15 分

岡　城 ――中世戦国山城から近世山城へ継続した難攻不落の城

CG復元

岡城は標高325メートル、比高100メートルの溶岩台地・天神山の要害の地に築かれている。本丸・二の丸・三の丸は天然の地形を利用しながら、雄大な高石垣で築かれている

岡城二の丸月見櫓ＣＧ復元

（制作／大分県立芸術文化短期大学　鈴木慎一）

本丸より一段低く連結する二の丸は特異な形をした曲輪である。そこには二重の月見櫓が地獄谷に向かって建っていた。月見櫓の石垣の高さは７間（約 13 メートル）もあった。また二の丸には御風呂屋（御風呂櫓）もあり、山里丸的な曲輪といわれている。

● CG 復元について／この岡城 CG は竹田市との連携事業として大分県立芸術文化短期大学・大分大学の協力により、鈴木慎一教授が中心となり学生の研究の一環として制作された。

岡城本丸と二の丸ＣＧ復元（制作／大分県立芸術文化短期大学　鈴木慎一）
本丸は城中最高所に位置し、天守に相当する三重四階の櫓や本丸御殿があった。岡城の御殿は山城的殿舎、平山城的殿舎（本丸、二の丸、三の丸）、平城的殿舎（西の丸）で構成されていた。

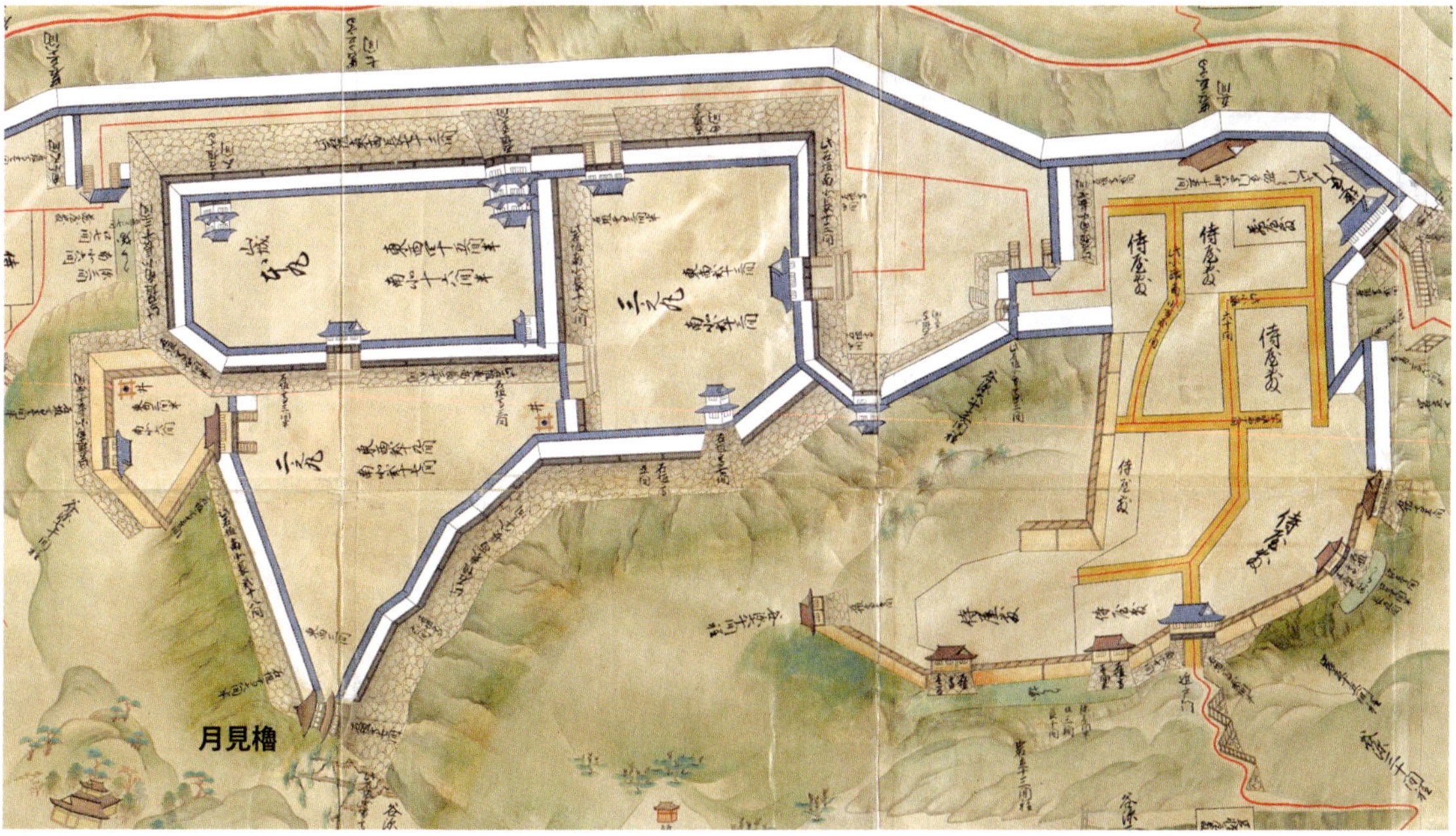

「豊後国直入郡岡城絵図」（部分）（国立公文書館蔵）
本図は正保年間（1644 ～ 48）に岡藩から幕府に提出した城下町の地図。城郭内の建造物、石垣の高さや軍事情報などが精密に描かれているほか、城下の町割・山川の位置・形が詳細に載されている。

岡城本丸三重櫓ＣＧ復元
（制作／大分県立芸術文化短期大学　鈴木慎一）
天守に相当する三重四階の櫓（御三階櫓）。

太鼓櫓跡（大分県提供）
太鼓櫓門は、悪魔をはね返すという大きな鏡石を備えた、岡城の表玄関である。精巧な石工技術で積み上げられている。切込はぎ、算木積、車軸築の石積みを見ることができる。かつては、櫓門の上に時刻と非常時を知らせる太鼓が置かれていた。。

■堂々たる石垣群の山城

国指定史跡岡城跡（昭和十一年指定）は、稲葉川と白滝川に挟まれた台地に形成されており、中世の山城の形態を近世にまで残している特異な城郭である。

岡城の創築は鎌倉時代初期に緒方惟栄《おがたこれよし》が標高三二五メートルの天神山に築いたとされ、その後、志賀氏の居城となった。やがて文禄三年（一五九四）に入った中川秀成が石垣造の近世城郭へと大改修を施して、慶長元年（一五九六）には完成をみた。

中川秀成は志賀氏時代の岡城を西へと拡張する形で本丸、二の丸、三の丸を造成し、さらに西方に西の丸や家老屋敷・侍屋敷の曲輪を設けた。西の丸は城内最大の曲輪で、御殿が営まれていた。

城は目を見張るような高石垣を城域に巡らし、多くの櫓群が曲輪に建ち並んだ。特徴的なカマボコ型石塁や滝廉太郎の「荒城の月」に歌われたような、大手口や二の丸など、美しいプロポーションを形成している石垣が多数存在している。また、複雑な地形の上に築かれているため、城内の石垣も複雑に形成されている。山頂の本丸には御三階櫓を中心に小三階櫓（角櫓）と月見櫓が建てられた。特に月見櫓に関しては詳細な図面が保存されて

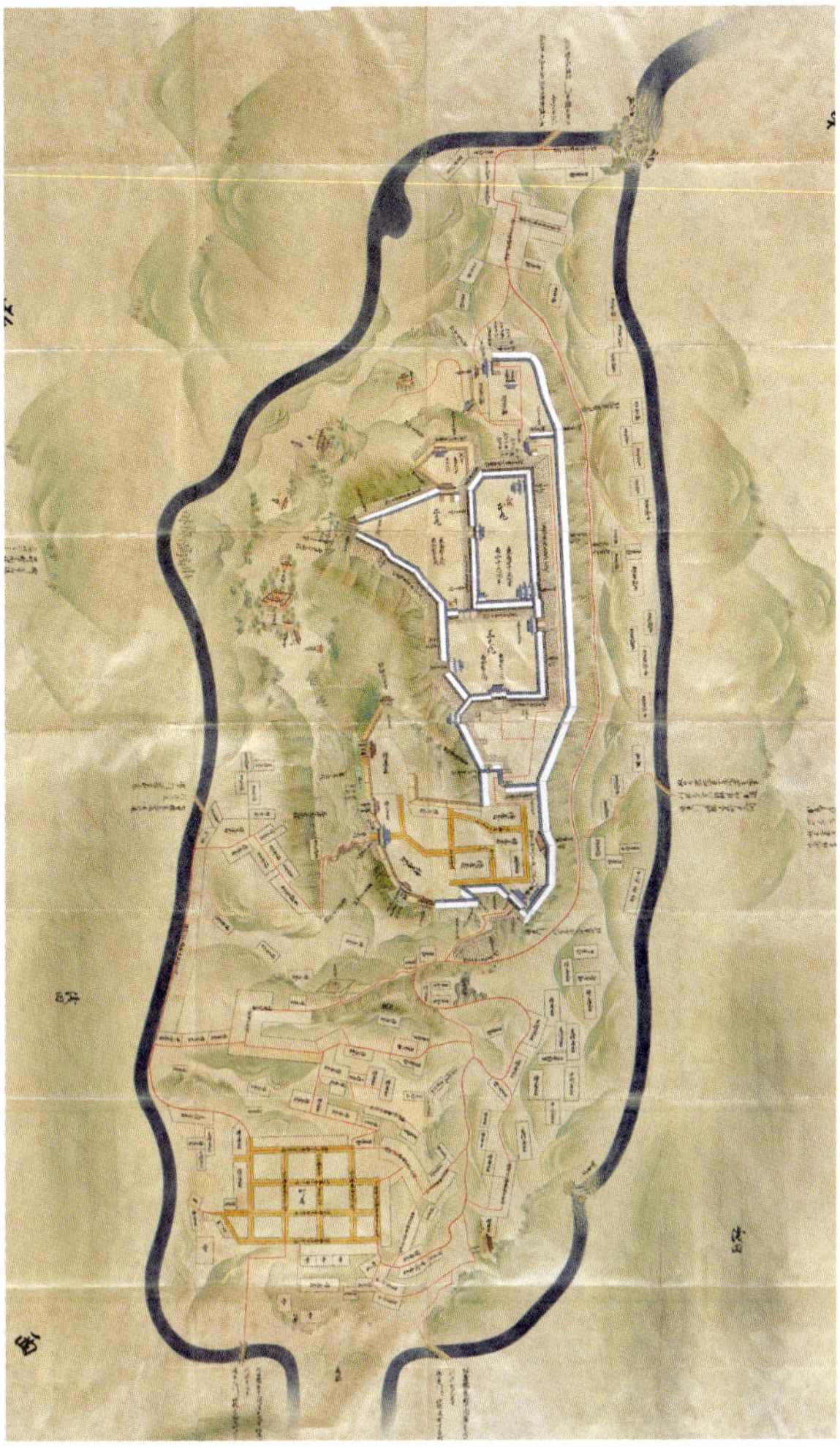

豊後国直入郡岡城絵図（国立公文書館蔵）
大野川の上流にあたる白滝川と稲葉川が分岐した間を城地としている。本丸・二の丸・三の丸には水利がなく、本図に記されている二の丸の井戸は空井戸であった。そのため、二の丸東方下の井戸を生活用水にしていたといわれる。

西中仕切りから見た二の丸高石垣（大分県提供）
三の丸から二の丸にかけて城内で最も高い石垣が見える。

おり、今回のCG化においては内部の柱や梁といったものも詳細に復元されている。

　御三階櫓は天守の代用とされ、文禄三年に中川秀成が創建したものは下見板張で最上階には廻縁・高欄が巡り、華頭窓を配した望楼型であった。最初の御三階櫓喪失後、安永三年（一七七四）に再建された御三階櫓は白漆喰総塗籠の層塔型で、やはり最上階には廻縁・高欄を設けていた。いずれも優雅な姿の三重櫓であった。

　現在、山上の建築物はすべて失われたが、御三階櫓や虎口、各曲輪の周辺に築かれた高石垣が、在りし日の岡城の威容をありありと伝えている。

　今回のCG画像は平成十八年度「大学と連携した地域づくり」助成金（財団法人地域総合整備財団）に申請・採択され実施されたものである。

岡城二の丸月見櫓CG復元

　二の丸の殿舎は西向きに「御玄関」を設け、郭の先端部に向かってL字上に曲がって建てられていた「御月見櫓」は防備を目的とした櫓ではなかったことが知られている。二階は吹き抜けとし、外側に廻縁を巡らし高欄がつけられた。望楼建築の二の丸東隅には二階建ての「御風呂屋」が設けられた。縁の部分は石垣から張り出して足場を組み、一階が風呂、二階に床、棚のついた十一畳の座敷や入浴後の涼をとるためのすのこ縁をもち、箱階段で本丸に通じていた。地獄谷に向かって建っていた月見櫓の石垣の高さは七間（約一三メートル）もあり、本丸より一段低く連結する二の丸は、特異な形状をした曲輪であったことがCG画像からも理解できる。二の丸には、軍事的要素の強い城において「御月見櫓」、「御風呂屋」と呼ばれる和やかな趣のある建物があることから、接客の場として使用されていたと考えられている。

（鈴木慎一）

福井城

CG復元

越前六八万石の北国鎮護の城

徳川家康の次男・結城秀康を藩祖とする福井藩は、全国有数の大大名であり、その居城の規模は格式にふさわしく、四重、五重の堀が巡る大城郭であった。遺構は本丸の石垣と堀、天守台のみであったが、近年、御廊下橋、山里口御門などが木造で復元されている

福井城鳥瞰ＣＧ復元
（制作／３ＫＩＤＳ　ＣＧ　長尾美知子）
６年の歳月をかけて天下普請により完成した福井城は、寛文９年（1669）の大火で四重天守をはじめ櫓などの建物を焼失した。以後、天守は残念ながら再建されなかった。北国最大の天守を擁する本丸を、二の丸、山里、三の丸で囲む環郭式縄張は大城郭にふさわしい堅固さを誇る。

●築城年／慶長６年（1601）●築城主／結城秀康　●所在地／福井県福井市大手
●交　通／ JR 北陸本線福井駅下車。徒歩５分

●CG復元について／この福井城CGは「御城下之絵図 貞享二年」、「御天守絵図」、「御座所絵図」、「御本丸御殿ノ図」、古写真などを参考にして制作された。

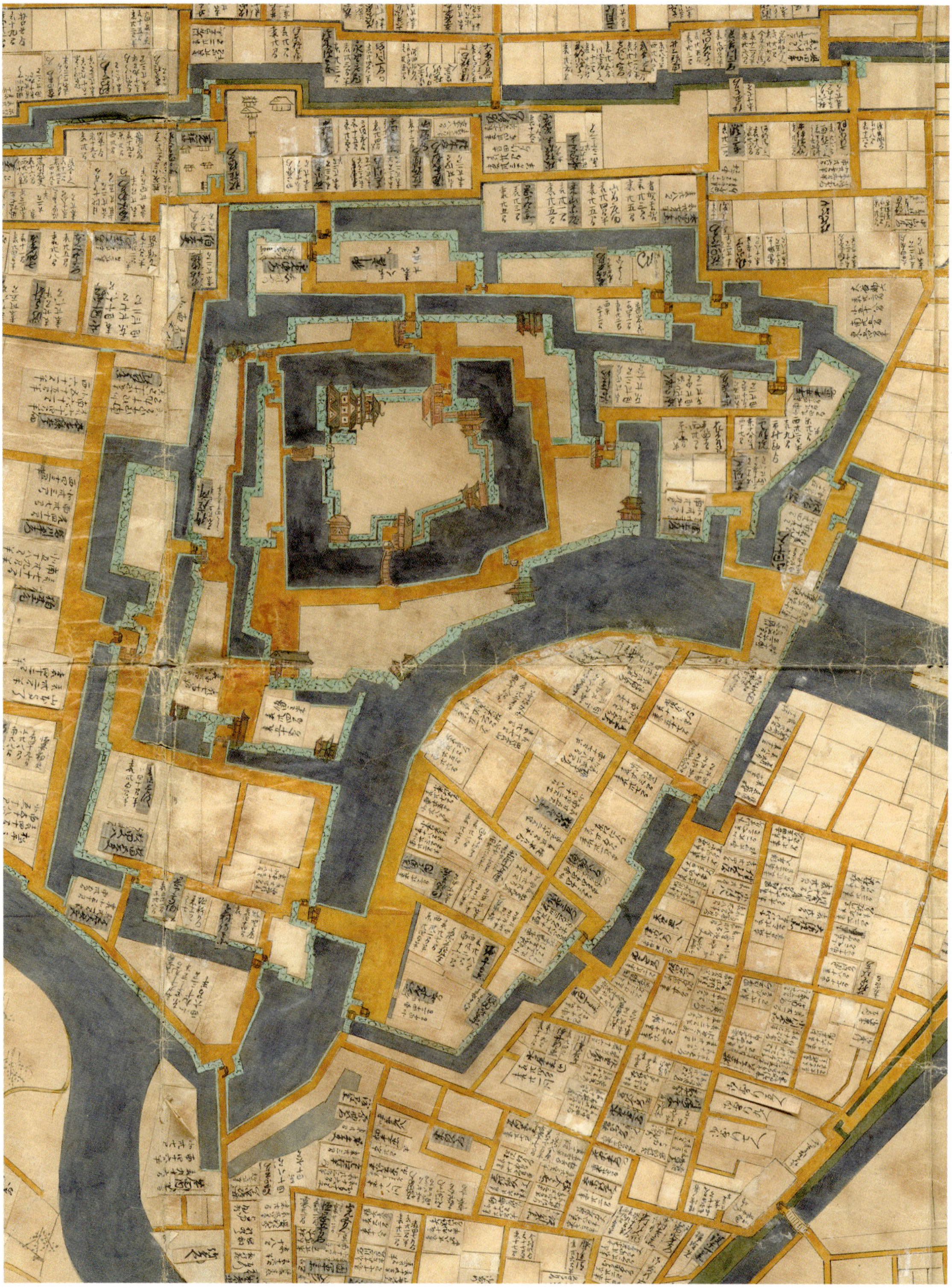

「御城下之絵図」（松平文庫蔵・福井県立図書館保管）
寛文元年（1661）頃の状況を示す屋敷図と判断されている。武家屋敷は居住者の姓名、間口・奥行間数が付箋で記載されており、当時の武家屋敷割を具体的に知ることができる。

本丸巽櫓古写真
（福井市立郷土歴史博物館蔵）
福井城本丸の南東隅にあった巽櫓には一重目の屋根に比翼千鳥破風が設けられ、豪華な三重櫓であった。天守焼失後は天守の代用となった。巽櫓左方に本丸大手の瓦御門まで続く長大な多聞櫓の一部が見える。

『福井城旧景』「御本城橋」
（福井県立図書館蔵）
本丸大手の瓦御門に向かう橋（御本城橋）を描いたもので、瓦御門の左の隅櫓が坤櫓（月見櫓）、大手門の右の三重櫓が巽櫓。橋の詰の両脇に門松が描かれており、年始の登城風景である。

本丸大手の瓦御門と御本城橋
（福井市立郷土歴史博物館蔵）
明治初期の撮影。瓦御門桝形。橋の先に高麗門、その右奥に櫓門で桝形になっている。

福井城山里口御門空撮（福井県提供）
復元整備された山里口御門。山里口御門は別名「廊下橋御門」「天守台下門」と呼ばれ、本丸西側を守る門であった。

『福井城旧景』「御武具蔵より天守台趾」（福井県立図書館蔵）
本丸西側の内堀に架かる御廊下橋を、山里（西二の丸）の方向から見て描いた図。藩主が御座所屋敷と本丸の間を移動する際に使用した。画面右端に描かれているのは坤櫓（月見櫓）である。

福井城山里口御門御廊下橋（福井県提供）

復元された福井城山里口御門桝形
（福井県提供）
右は櫓門、左は棟門、そしてこれら２つの門とともに桝形を形成する石垣上の土塀を復元した。

北ノ庄城が前身

一乗谷城の朝倉氏、小谷城の浅井氏が相次いで滅亡した後、越前国八郡を支配したのが織田信長の重臣、柴田勝家である。だが信長後継を巡っての賤ヶ岳の戦いで秀吉勢に敗れ、敗走して戻った城を秀吉軍に攻囲されると、妻のお市の方と共に城内で自刃する。この北ノ庄城が福井城の前身である。

北ノ庄城は、織田信長が天正三年（一五七五）、柴田勝家に命じて足羽川と吉野川の合流地点付近の沖積地に築城させたものである。本丸には九重あるいは七重の壮大な天守があげられていたとも伝えられている。

結城秀康の入封

慶長五年（一六〇〇）、関ヶ原の戦いの後、この北ノ庄城跡地に徳川家康二男の結城秀康が六七万石で入り、天下普請で新たに築城を進めた。一説では、徳川家康自身がこの城の縄張に関わったともいう。

なお、北ノ庄が福井（福居）と改められたのは第三代忠昌の時である。北ノ庄の「北」が「敗北」に通じるとのことから、といわれている。

秀康入封の翌年に竣工した城は三重の水堀を周囲に巡らし、四重五階の望楼型大天守の

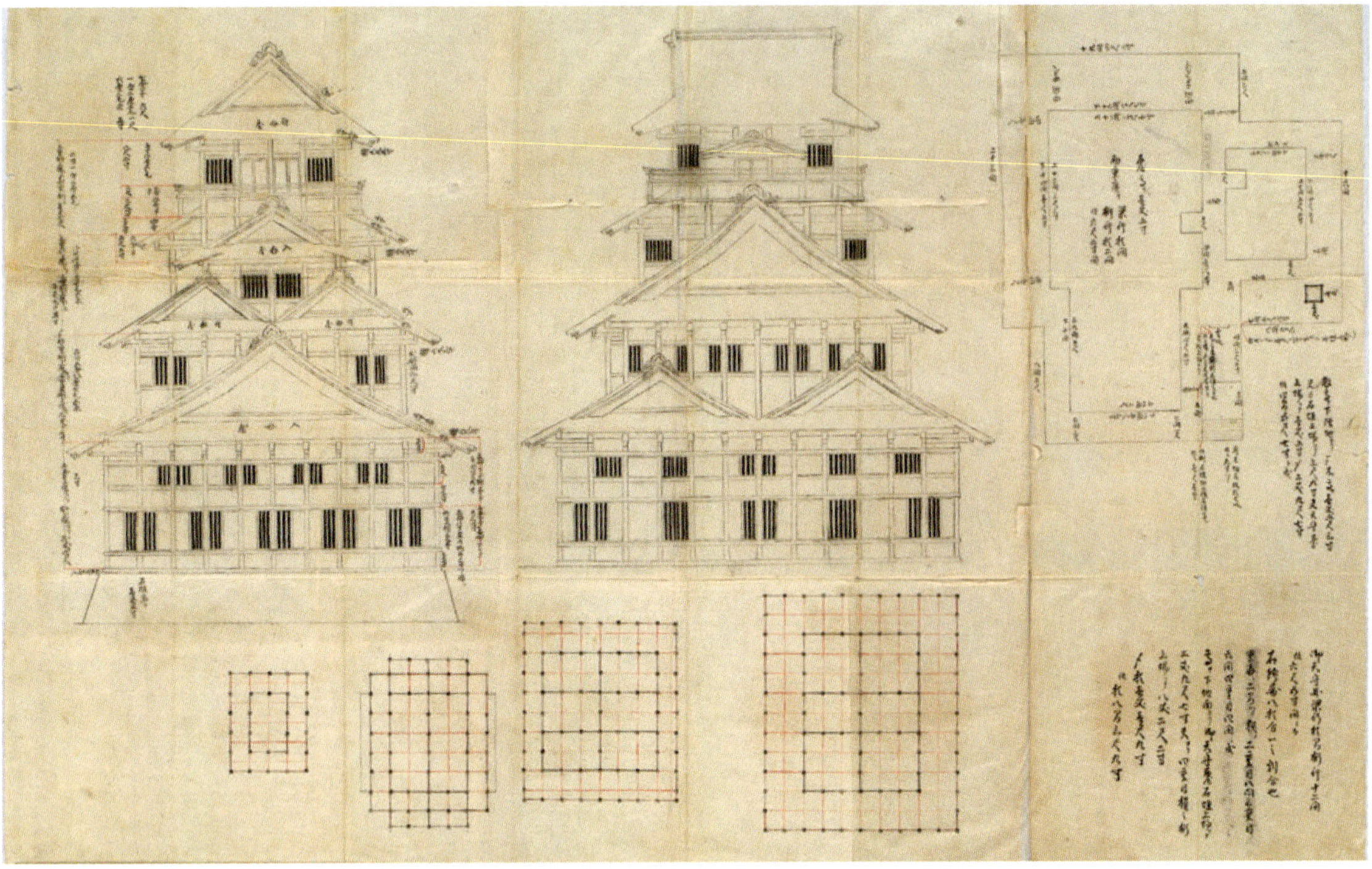

「御天守絵図」（松平文庫蔵・福井県立図書館保管）
天守は寛文９年（1669）の大火で焼失し、以後、再建されなかった。天守·小天守の形状や寸法が分かる数少ない資料である。立面図の右が東（西）面、左が南（北）面を示している。立面図をみると天守は外観四重、入母屋の屋根を一重目として、二重目は一重目と交差するように入母屋の屋根で、三重目は寄棟形式、最上階の屋根は南北に破風をみせる入母屋の屋根になっている。天守の高さは約28メートル、天守台を含めると37メートルの規模を誇っていた。

福井城天守台（福井県提供）
福井城の天守台は最新技術の切込はぎの石垣で築かれている。天守台と小天守台には、大きな礎石が並んでおり、天守台の北半分に天守が建っていた。

あがる東西・南北約二キロメートル、輪郭式の巨大な城郭となっていた。以後代々の越前松平氏の居城として存在した。その間二度の大火災で被害を受け、大天守などを失うが、天守は再建されずに明治を迎える。

歴代藩主の中では「乱行」のために豊後国府内藩に配流された第二代藩主忠直、また幕末に「幕末四賢侯」の一人として存在感を示した第一六代の松平慶永（春嶽）が知られている。

■城域は県庁などの敷地に

その後、城跡には県庁舎、県会議事堂、県警察本部などの大きな建築物が建てられて現在に至っている。それもあってか、遺構は本丸石垣と堀、天守台などを数えるのみで数少ない。

「舎人門」などが復元されているほか、平成二十年に福井城築城四百年を記念して、藩主の居住区である西三の丸御座所と本丸とを結ぶ屋根付の専用橋「御廊下橋」が復元されている。

また同二十九年、山里口御門が約二年の工期をかけて復元され、櫓門、棟門と石垣上の土塀が、また本丸天守台に、「福井」の地名の由来ともなったと伝えられてきた伝説の井戸、「福の井」が蘇った。

（服部　崇）

岩村城

ＣＧ復元

――天険の地を利した要害堅固な山城

日本三大山城の一つ岩村城は標高七一七メートルと最も高い位置にある。麓の登城口から石畳の道を登ること約三〇分で岩村城址（本丸）にたどりつく。途中に現れる石垣はどれも見事だ。特に六段の石垣は見ものである

岩村城本丸周辺ＣＧ復元
（制作／成瀬京司）
本丸北向きの石垣を三の丸方面から見たＣＧ復元である。今は木立で覆われている右手二の丸石垣上に「く」の字状の菱櫓、その右に白い土塀が構えられていた。土塀の黒い穴は鉄砲狭間。左手奥の六段と呼ばれる壮大な本丸石垣上にも、土塀と櫓が建ち並んでいた。

本丸の六段石垣（恵那市教育委員会提供）
岩村城の本丸虎口の石垣は通称「六段壁」と呼ばれている。当初は一段の高石垣だったが、崩落を防ぐために前面に補強の石垣を積むことを繰り返した結果、六段にもおよぶ現在の石垣となった。本丸には納戸櫓など二重櫓２棟、櫓門１棟、多聞櫓１棟などが建っていた。

●築城年／慶長６年（1601）　●築城主／松平家乗　●所在地／岐阜県恵那市岩村町
●交　通／明知鉄道岩村駅下車。徒歩 30 分

岩村城本丸周辺現況（撮影／成瀬京司）
城山山頂に本丸、二の丸、八幡曲輪、出丸、東曲輪、長局、帯曲輪が複雑に構えられていた。現在は杉林の中に石垣の名残が見える。

● CG 復元について／この岩村城 CG は「美濃国岩村丹羽式部少輔居城絵図」、「享保三年岩邑城絵図」、「岩村城絵図」などを参考にして制作された。

岩村城出丸から本丸を望むＣＧ復元（制作／成瀬京司）
東西 19 間、南北 17 間の出丸から本丸を望む。左右に二重櫓、真ん中に多聞櫓が建ち並ぶ。本丸は東西 20 間、南北 36 間。

岩村城出丸から本丸を望む（撮影／成瀬京司）
出丸は本丸南側の尾根を削平して造った曲輪。本丸防衛の重要な位置にあり、南側山葵谷方面の防衛を担った。緊急時のための太鼓櫓があった。

■織田・武田勢力の攻防の城

標高七一七メートルの山頂に築かれた城で、これは山城としては日本一高い地点にある。

城の始まりは鎌倉時代、加藤景廉《かとうかげかど》に繋がる遠山氏が築いたものと伝えられている。信濃・美濃・尾張・三河の接する要衝の地にあったため、この城に拠った遠山氏は、長く織田・武田の攻防に翻弄されざるを得なかった。

■「女城主」おつやの方

戦国初期、城主遠山景任《とおやまかげとう》は織田信長の叔母、おつやの方と婚儀を結び、織田方について武田信玄に敵対。元亀二年（一五七一）、景任病没後、信長の五男・勝長（御坊丸）が養嗣子として送られ、城主となる。勝長はまだ幼かったため、おつやの方が実質的な城主を務めた。

元亀元年ころからこの地に侵攻して来た武田軍の部将秋山信友は、天正元年（一五七三）、この城を攻撃。しかし、天険を利した城に籠った城方は持ちこたえる。だが、長期戦に耐えきれなくなった城方は、秋山信友とおつやの方の婚姻を条件にする和睦案を受け入れ、無血開城となった。

信長は一万の兵で城の奪還をはかったが、

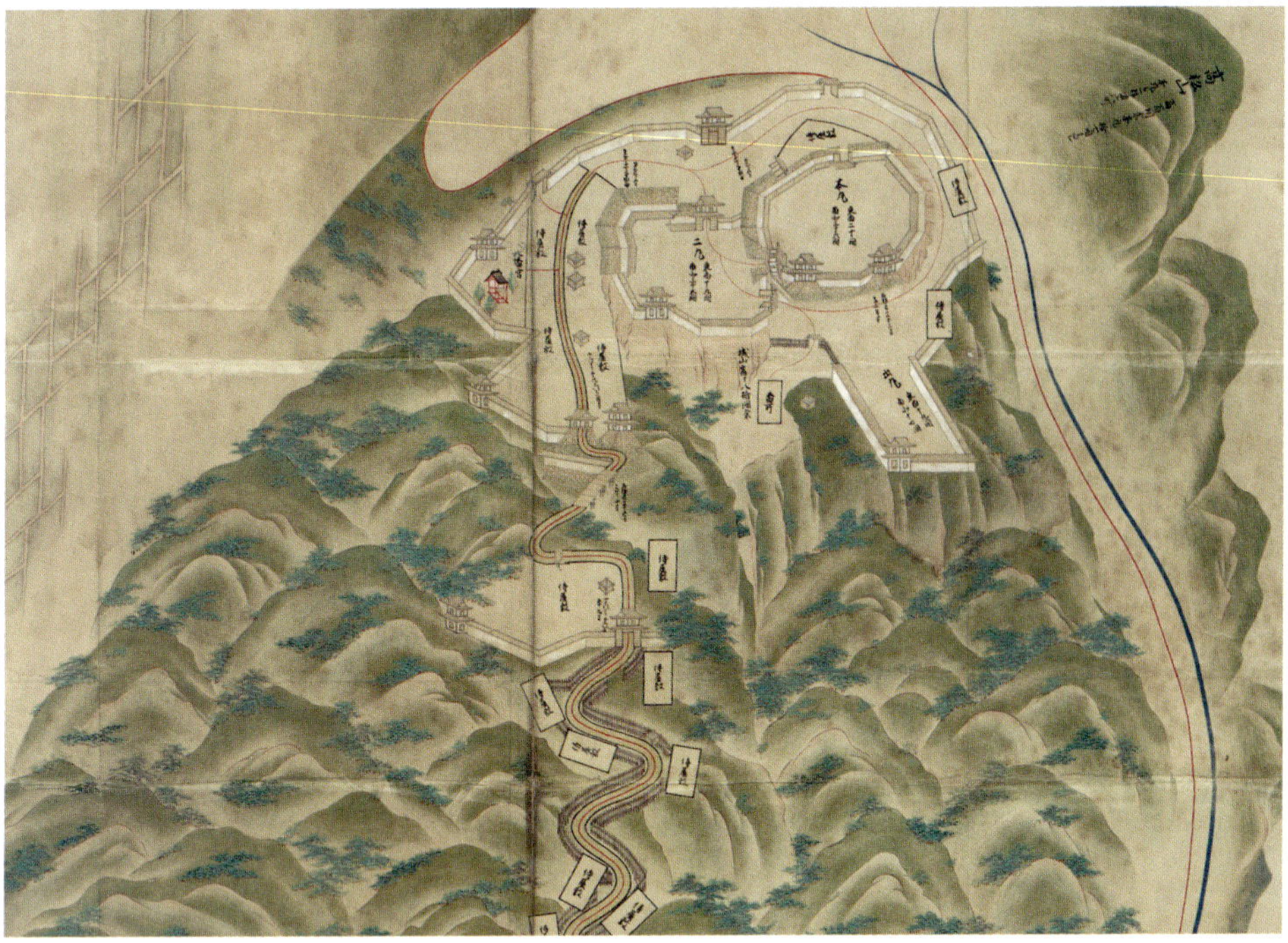

「美濃国岩村丹羽式部少輔居城絵図」（部分）（国立公文書館蔵）
正保元年（1644）に幕府が岩村藩に命じて作成させた岩村城の絵図。本図は山城のためか、大胆な省略法をとっているが、峡谷がある複雑な地形を巧みに利用して、角曲輪を階段状に配している。

追手門から二の丸へ向かう大手道（恵那市教育委員会提供）
大手道の両側石垣上に家臣団の屋敷が建っていた。左方は八幡曲輪方面、右方は霧ヶ井方面。

復元された藩主邸の太鼓櫓・表御門（恵那市教育委員会提供）
江戸時代初期に城の麓に移されていた藩主邸が明治14年に全焼。平成12年に藩主邸の太鼓櫓や表御門が復元された。

武田軍撃退は叶わず岐阜に退却。こうして岩村城は武田方秋山信友の領するところとなり、おつやの方は信友の妻に、勝長も養嗣子となった。

天正三年（一五七五）、長篠の合戦で武田勝頼を撃破し、武田氏を滅亡に導いた信長は、子の信忠に命じて武田の勢力が削がれた東美濃に侵攻させ、岩村城を囲む。この戦いも五か月に及ぶ籠城戦となったが信長が講和を持ちかけ、信友とおつやの方はやむなく降伏する。だが、信長は講和の条件を反古にして、信友とおつやの方は岐阜に送られ、長良川の河原で逆さ磔の刑に処されたという。

こうして秋山氏が滅びた後の岩村城には、織田軍団「黒母衣衆」の筆頭河尻秀隆が入り、次いで森蘭丸、兄森長可が続く。長可が小牧・長久手の戦いで戦死すると弟の忠政というように、織田部将が城主となった。関ヶ原の戦い以後は、徳川譜代の城として明治を迎える。

■廃城令で石垣のみの城に

明治に入ると、廃城令によって、ほとんどの城内建造物が破壊された。明治十四年まで山麓に現存していた藩主邸も焼失したが、みごとな石垣だけは残った。

平成二年に太鼓櫓、表御門、平重門、藩主邸の一部が再建されている。（服部　崇）

高田城鳥瞰ＣＧ復元（制作／上越市）
高田城は近世城郭の最も進んだ形式の平城である。本丸は東西約220メートル、南北約230メートルの方形で、郭内には御殿をはじめ、西南隅に天守台用の三重櫓（御三階）、東南と北西隅に隅櫓が建つ。本丸の虎口は、本城御門（南門）東不明門（東門）・北不明門（北門）の三ヵ所あり、南門と東門は内桝形門である。その本丸を囲むように二の丸・北の丸・三の丸・八幡丸が配置され、変則的な輪郭式縄張となっている。

高田城——広大な水堀を守りとした天下普請の大城郭

CG復元

近世の城ながら石垣は用いずに、大規模な土塁を各曲輪に巡らして築かれた高田城。城の象徴となる三重櫓も本丸の土塁上に建っていた。満々と水をたたえた広大な水堀に囲まれ、独特の馬出形の曲輪などを構えていた

●築城年／慶長19年（1614）　●築城主／松平忠輝　●所在地／新潟県上越市本城町
●交　通／JR信越本線高田駅下車。バス高田公園入口下車

「高田城下絵図」（上越市立高田図書館蔵）
本図は松平光長時代の絵図で、築城後 30 年頃の高田城と城下町を描いている。頸城平野の中心を蛇行しながら流れる関川の流れを変えて、東の境界にして城郭を据え、城郭を取り囲むように侍屋敷、町人町が形成されている。

高田城空撮（上越市提供）
高田城の本丸・二の丸・三の丸は高田城公園として整備されており、内堀や土塁、本丸御殿の礎石などが残っている。公園には本丸三重櫓、本丸と二の丸を結ぶ極楽橋が復元されている。

● CG 復元について／この高田城 CG は新潟県上越市の高田開府 400 年祭の企画の一つとして、凸版印刷、昭和女子大学平井聖教授らの協力により制作された。

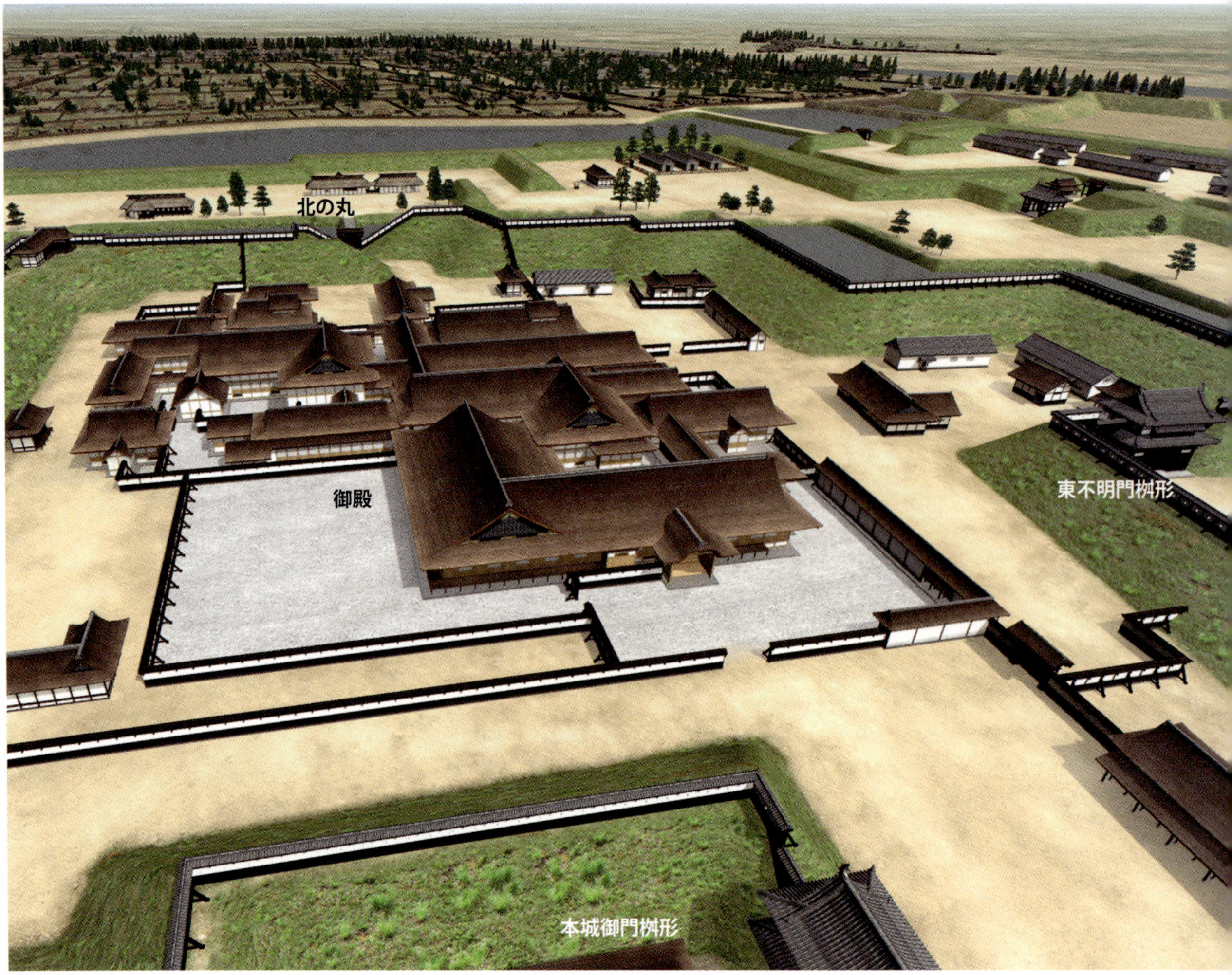

高田城本丸御殿ＣＧ復元（制作／上越市）

本丸には御殿や南西隅の三重櫓（御三階）、多聞櫓２棟、矢倉台、御茶屋台など多くの建物が建っていたが、天守は設けられていなかった。また、本丸を囲む土塁は内堀の掘削土を盛土して築かれている。土塁の幅は、頂面で３～10メートル、底面で約30メートル、高さは約10メートルである。

徳川家六男の大城郭を築く

越後福島の地に七二万石で入った徳川家康の六男松平忠輝の居城として築かれたのが高田城である。築城工事は慶長十九年（一六一四）、忠輝の義父である伊達政宗ら一三大名による天下普請で行われた。

城の縄張は本丸を二の丸と北の丸が輪郭式に囲んでおり、その南側に三の丸が配された。三の丸は北東の扇形をした狐丸と南の陽戦曲輪からなり、さらに陽戦曲輪の南西には楕円形の瓢箪曲輪が馬出として突き出していた。この変則的な形をした縄張と、本丸を囲む内堀と三の丸周囲を巡る広大な外堀が、高田城の大きな特徴である。外堀の幅は最大で一〇〇メートルを超えた。

本丸に建つ二重の西櫓を天守の代用とした。西櫓は寛文五年（一六六五）に地震のため倒壊したが、三重三階櫓に改変して再建され、明治三年に火災で焼失するまで残っていた。現在の三重櫓は平成五年に再建されたものである。

忠輝が関ヶ原の戦いに遅参したことで家康の怒りをかい、転封になった後、高田城には多くの大名が入れ替わり入った。現在、城跡は高田公園となって桜の名所として広く知られている。

高田城本丸三重櫓（御三階）ＣＧ復元（制作／上越市）
本丸には御殿や南西隅の三重櫓（御三階櫓）、多聞櫓２棟が建っていた。

高田城本丸三重櫓（御三階櫓）（上越市提供）
天守に代わる高田城の象徴の櫓で、廃城後、取り壊されていたが、平成５年に復元された。

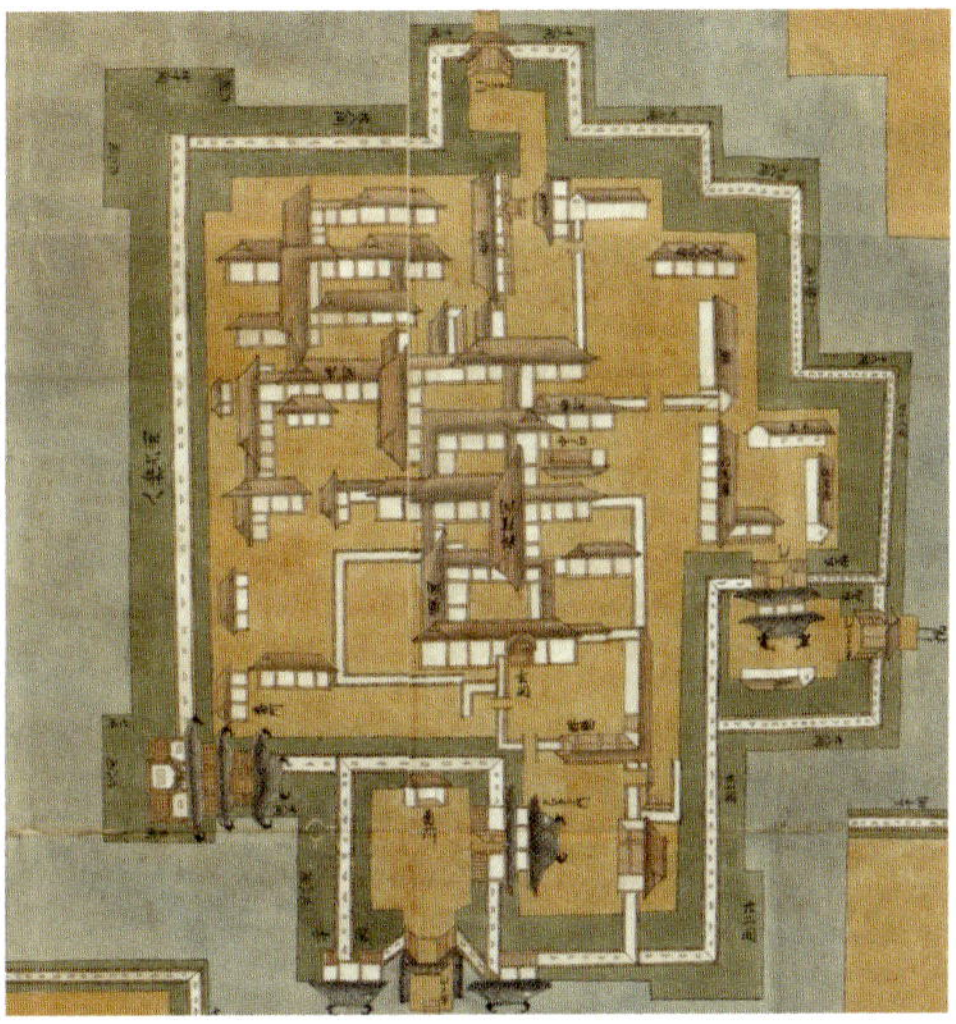

「越後高田城図」（部分）（国立国会図書館蔵）
本図は江戸中期から末期に描かれた絵図。本丸御殿が描かれている。

三重櫓と極楽橋を復元する

天守が建てられなかった高田城で、城のシンボルとなった三重櫓は「本丸御殿図絵」や「高田城図間尺」などの古絵図史料や文献史料、発掘調査の成果などに基づいて復元された。壁は下見板張、柱が見える真壁造になっており、古風な趣をたたえている。土塁の上に直接建ち、一・二階は資料などの展示室、三階は展望室となっている。

また本丸南の内堀に架かっていた極楽橋は二の丸と本丸を結ぶ木橋であったが、明治四十一年に高田城に入城した陸軍が内堀を埋め立てた結果、姿を消してしまった。現在架かる橋は平成十四年に、発掘調査資料に基づいて再建された。近代工法と伝統的工法をうまく使い分けて復元されたもので、長さ三八・四メートル、幅五・四メートルである。調査の際に橋脚が発見された。

高田城復元ＣＧは「高田開府四〇〇年祭」の実行委員会によって平成二十六年に制作された。戦国時代、越後の中心の城は春日山城から福島城へ、そして高田城と移り変わっていったが、その三城の復元ＣＧがこの時同時に作られた。復元ＣＧは、防御を考慮して複雑な縄張で築かれた土と水の城・高田城の姿を鮮やかに伝えている。

（吉谷純一）

米子城

現況を見る

堅固な高石垣で囲まれた壮大な城郭

城の麓から頂上の本丸までの高低差は約九〇メートルと大きく、城の大部分が最高一三メートルの高石垣で築造されている姿は壮観である。明治の廃城令によって建物は壊されて、今は復元された備中櫓しか残っていないが、ぜひ訪ねたい平山城である

米子城空撮（今井印刷株式会社提供）
標高 90 メートルの湊山の頂上に本丸を築き、大天守・小天守・多聞櫓・遠見櫓など多くの建物が建てられていた。右下の市営湊山球場が三の丸跡。

●築城年／天正 19 年（1591）　●築城主／吉川広家　●所在地／鳥取県米子市久米町
●交　通／JR 山陰本線米子駅下車。徒歩 10 分

本丸
二の丸

米子城天守群ＣＧ復元（制作／友森工業） 右は外観四重内部五階の大天守、左は外観三重の小天守。

米子城——伯耆国に偉容を誇る平山城に大小二基の天守が再現される

CG 復元

軍略上の特例として「元和の一国一城令」に反して廃城を免れた、伯耆国の要衝に鎮座する米子城。山頂の本丸跡には豪壮な天守台石垣が今も残るが、天守台上に立つと中海、市街地などが 360 度の大パノラマで眺望できる

伯耆国支配の要の城

天正十九年（一五九一）頃、毛利輝元の重臣吉川広家が中海に面する標高九〇メートルの湊山に築城工事を起こした。しかし、四重天守は完成したが、米子城の完成を見ることなく、慶長五年（一六〇〇）の関ヶ原の戦い

米子城天守台現況（米子市教育委員会提供） 右は中村一忠築造の大天守台、左は小天守台。

● CG 復元について／友森工業企画開発部が地域貢献活動の一環として米子城の再現ＣＧ作成を行った。城は古文書など資料文献を収集整理し、３面図を作成し復元された。

本丸鉄御門跡から見た天守群 CG 復元（制作／友森工業）
小天守の脇手前に、天守への入り口門である本丸鉄御門が設けられていた。鉄板張の堅固な櫓門で厳重な構えになっていた。

米子城天守ＣＧ復元（制作／友森工業）
現況の本丸石垣上（緑色）に四重大天守（右）と三重小天守（左）が復元された。

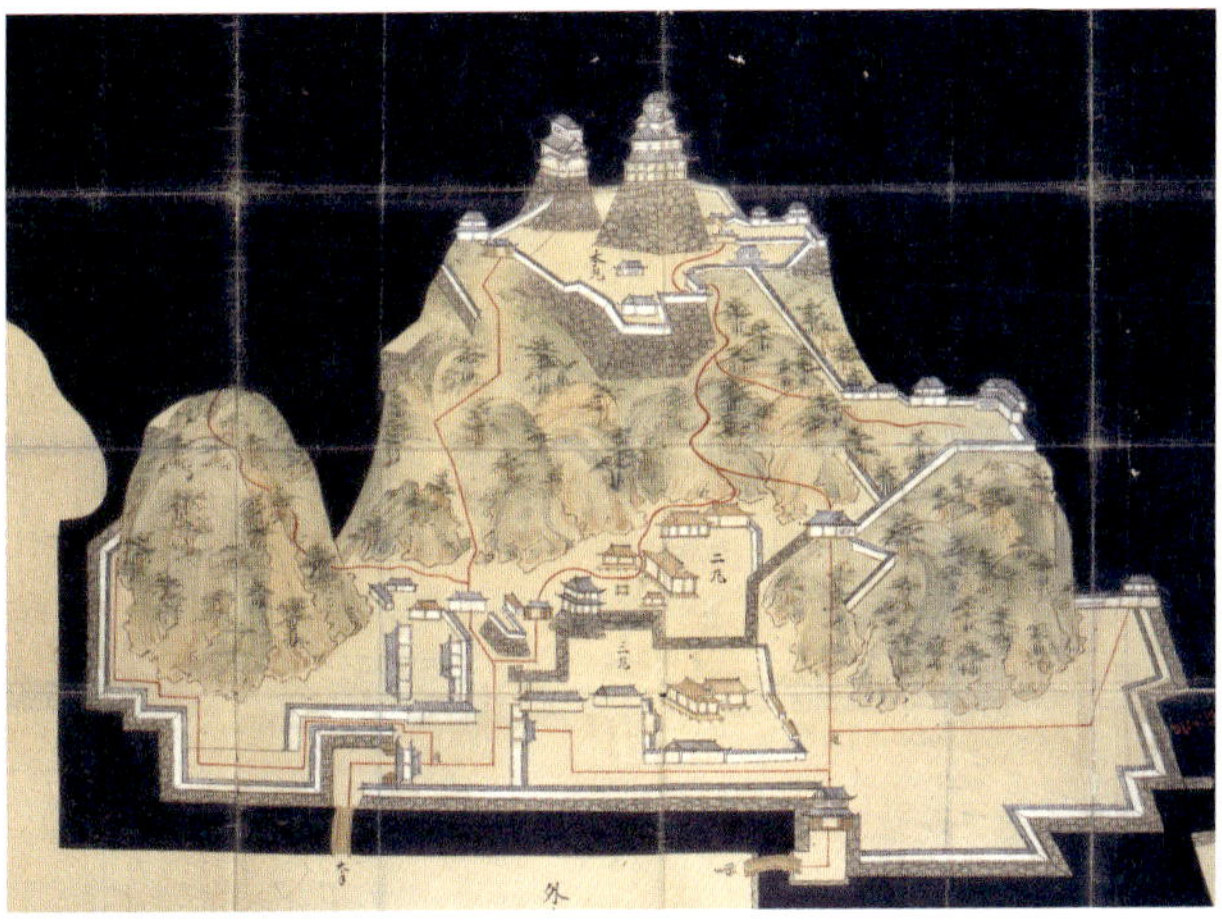

「米子城石垣御修覆御願絵図」（鳥取県立博物館蔵）
寛文７年（1667）に描かれた絵図。幕府に石垣の修復を願った際に作られた絵図の控え、あるいは写し。

米子城天守遠望ＣＧ復元（制作／友森工業）
湊山の山麓から見上げた米子城復元天守。実際に天守が復元されたならば、このような景観になる。

に敗れた吉川氏は岩国に国替えとなった。

新たに伯耆《ほうき》国一八万石の領主として中村一忠が入城。一忠は未完の米子城の築城工事を引き継ぐ形となり、湊山の東の飯山と西北の丸山を出丸として城域に取り入れ、慶長六年に一応の完成を見ている。

本丸には四重天守と三重天守が並立し、北側の山裾に二の丸を築いて城主の居館とした。山麓に三の丸を築き、周囲に内堀を巡らし、南と西は中海へと通じていた。さらに外郭に武家屋敷を配し外堀を巡らしていた。天守のほか櫓一八基、門が一三ヶ所設けられていたという。

平成十八年一月に、文化財保護法に基づき国の指定史跡になった。

■米子城の大小二基の天守

米子城には中村一忠が建造した外観四重、内部五階の大天守と吉川広家が建造した外観三重、内部四階の小天守（旧天守）が併存していたのが特色の一つである。

弘化二年（一八四五）に作成された「御天守東北側破損絵図」（鳥取県立博物館）や明治初期の天守取り壊し直前に撮られた古写真から大天守、「四重御櫓弐拾分之図」から小天守の姿を知ることができる。

（北野康治）

肥前名護屋城——桁外れの天下人の巨大陣城

CG 復元

天下人豊臣秀吉の尽きない野望は大陸へと向かい、壮大な肥前名護屋城が基地として築かれた。文禄・慶長の役において、幾万もの日本軍が名護屋城から出陣していった。五重天守や御殿などが建ち並んだ壮麗な城を眺望する

■史上空前の陣城の完成

豊臣秀吉は天正十八年（一五九〇）、小田原合戦で北条氏の制圧を果たして国内の強大な勢力がいなくなると、直ちに大陸への出兵の準備に取りかかった。

その拠点として肥前松浦郡北東部の海岸沿いに築かれた城が、肥前名護屋城である。九州の諸大名を動員して、八か月余りの突貫工事で城は文禄元年（一五九二）に完成した。一七万平方メートルに及ぶ広大な総石垣造の城域を持ち、その周辺を傘下の諸将の一三〇余りの陣が取り巻いた。文禄・慶長の役の二度にわたる大陸への軍勢派遣の総司令基地となったのである。

本丸の東西両翼を二の丸と三の丸が固めて中核部を形成し、本丸には白漆喰総塗籠の巨大な天守が燦然と聳えた。本丸の北西に遊撃丸、三の丸北には上山里丸・下山里丸が設けられた。山里丸は御殿や茶室も設けられた、秀吉の遊興のための空間であった。

秀吉の死によって慶長三年（一五九八）に全軍が朝鮮半島から撤退すると、城は基地としての役割を終えた。寛永十五年（一六三八）に勃発した島原の乱後、名護屋城が反乱分子の城として使われないように徹底的に破壊された。現在、発掘調査により天守台や山里口

●築城年／天正 19 年（1591）　●築城主／豊臣秀吉　●所在地／佐賀県唐津市鎮西町大字名護屋
●交　通／ＪＲ唐津線唐津駅下車。バス城址前下車

肥前名護屋城東出丸ＣＧ復元（佐賀県立名護屋城博物館提供）
東出丸は三の丸に接する重要な出丸で、本丸へは大手口から、登城坂を登って東出丸を通過し、ようやく三の丸、二の丸、本丸に至る。

肥前名護屋城本丸ＣＧ復元
（設計・監修／西和夫氏・アルセッド建築研究所／佐賀県立名護屋城博物館提供）
本丸の北西隅に五重の大天守が聳え、中央に御殿が建つ。本丸の発掘調査では、本丸大手の石段、門跡、全長 56 メートルに及ぶ長大な多聞櫓跡などが発見されている。また、本丸御殿跡の発掘調査では当時の礎石や玉砂利、側溝などが検出され、10 棟以上の建物が存在したことが明らかになった。豊臣秀吉が築いた大坂城御殿の絵図（中井家所蔵）などでみる建物の性格から、御広間・対面所、御台所、書院、御座の間などが想定されている。天守については、「肥前名護屋城屏風」に描かれている地上六階・地下一階の七層大天守や天守台の発掘調査をふまえて、五重六階・地下一階が推定される。

肥前名護屋城遠望ＣＧ復元（佐賀県立名護屋城博物館提供）
玄界灘に面する東松浦半島一帯に築造された名護屋城は、標高 90 メートルの丘陵上に位置する。その名護屋城を中心に半径約３キロメートルの圏内に全国の諸大名の陣屋が点在していた。

などが復元され、石垣の整備なども進められている。

■天守台・本丸御殿・山里口の整備

城跡では発掘調査が進められ、天守台や山里丸の虎口などが整備・復元されている。天守台では調査の結果、天守の礎石と地階の石垣及び出入り口二か所を確認した。現在、礎石列や穴蔵の入り口が表示されている。また平成二十五～三十四年までの保存整備事業で、本丸御殿跡の発掘調査と修景整備を行っている。調査では本丸跡から多数の建物跡（殿舎跡）が確認されている。

（吉谷純一）

肥前名護屋城本丸大手門ＣＧ復元
（佐賀県立名護屋城博物館提供）
重厚な櫓門で本丸を固めていた。仙台城（仙台市）大手門は名護屋城の大手門を移築したものと伝えられる。

● CG 復元について／この肥前名護屋城 CG は佐賀県立名護屋城博物館の企画の一つとして、西和夫氏・アルセッド建築研究所の協力により制作された。

佐倉城——数多くの幕府重臣を輩出した「老中の城」

CG復元

建造物に限れば城域に遺構はないといっていいが、復元された角馬出と深い空堀が目を引く。また、本丸の西側の水堀と、南と北にそれぞれ突き出した出丸、それを囲む土塁がいい状態で残存している

江戸の東方を守る拠点の建設

慶長十六年（一六一一）に徳川家康は、江戸東方の守りを固めるため、大物幕閣、土井利勝をここに移封。この地の豪族鹿島氏が造営に乗り出したまま未完成に終わっていた鹿

佐倉城空撮（佐倉市教育委員会提供） 城跡の主要部は佐倉城址公園となっている。

●築城年／慶長16年（1611） ●築城主／土井利勝 ●所在地／千葉県佐倉市城内町
●交　通／JR総武本線佐倉駅下車。徒歩25分

佐倉城鳥瞰CG復元（佐倉市教育委員会提供）
佐倉城は鹿島川と高崎川に挟まれた標高30メートル前後の台地先端に位置する。広大な印旛沼を外堀の一部として、水堀、空堀、土塁を築いて守りを固め、東台地上に武家屋敷と町屋を配して、城下町とした。

「総州佐倉御城府内之図」（撮影／杉原氏・佐倉市教育委員蔵）
享保２～８年（1717～23）頃に描かれた絵図。図には佐倉城や武家屋敷、城下町、周辺地域が詳細に記されている。

島城の跡地に、新たな城の造営を命じた。

　この地は、北に印旛沼、西に鹿島川が流れる洪積台地（鹿島台地）で、城はこの台地西端に位置し、南と西は鹿島川に面した断崖、北は印旛沼へ続く低湿地帯に守られていた。

　新城の建設は土井利勝の大坂の陣への参陣もあって遅延、当初の築造計画を完全に満たすには至らなかったが、元和二年（一六一六）、約六年の工期で一応の完成を見た。

■代々幕府重臣が在城

　土井利勝の後、石川忠総、松平家信、松平康信が入封。次いで寛永十九年（一六四二）、信濃松本から堀田正盛が入り、以後も徳川譜代の大物大名が相次いで入封している。いずれも幕政の重要な地位を占め、大老、老中、若年寄などを務める者も多かった。延享三年（一七四六）には堀田氏が再入封。以後幕末まで在封し、なかでも堀田正睦は幕末期に老中首座を務め、安政の大獄で失脚はしたものの幕末の動乱劇で重要な役割を果たした。

■要害堅固を誇る「土」の城

　佐倉城の結構は「近世城郭」ではあっても、堀や天守台、櫓台などに石を全く用いていない。勾配の急な土塁と深い空堀を巡らした、広壮かつ簡素な構造の城であった。南面、西面は川と断崖で区切られ、北から椎木曲輪、三の丸、二の丸、本丸と、徐々に比高を高めながら造成された平山城である。

　本丸には天守代用の巨大な御三階櫓があり、三階構造の銅櫓が連結されていた。遺された古写真を見ると、二階建てで屋根に鯱をあげた大手門はじめ、曲輪の要所に五つの櫓門が配置されている。いずれも堂々とした風格を備えた門であったことが見て取れる。

　明治に入ると城域は練兵場となり、建物の多くは失われてしまった。現在、跡地は佐倉城址公園として整備され、椎木曲輪の場所には国立歴史民俗博物館が建っている。

　遺構として本丸、天守台跡、二の丸、角馬出、堀、土塁、水堀に突き出した出丸が整備されて残る。

　なかでも見ものは、国立歴史民俗博物館横の角馬出で、昭和四十六年に発掘調査され、コの字形に馬出を囲む土塁と空堀が再現されている。

（服部　崇）

●CG復元について／この佐倉城CGは佐倉市が佐倉・城下町400年記念事業の一つとして、往時の佐倉城の姿を、発掘調査報告書、佐倉城絵図、文献資料の総合的な考察をもとに制作した。

府内城四重天守ＣＧ復元（大分市提供）

府内城——付櫓を持つ四重天守が聳えた豊後国最大規模の城

CG 復元

府内城の北側に野面積の天守台、人質櫓（以上現存）、菱櫓（復元）が建っている。現存の宗門櫓、再建された西隅櫓と東南角の平櫓はそれぞれ内堀の角に位置し、この堀と野面積主体の石垣が美しい

■北九州の覇王大友の地に築城

府内の地には、長く北九州六国の覇者・大友宗麟の居館が置かれていた。その大友氏が宗麟の死後に実質的滅亡を遂げると、慶長二年（一五九七）、府内には石田三成の妹婿、福原直高が一二万石で入封。直高は大友氏居館には入らず、大分湾に流れ込む大分川の河口付近に新たに築城を開始した。

慶長四年、望楼型四重四階（異説もある）の天守をあげた城郭が竣工する。だがその直後、石田三成との縁戚関係もあってか、慶長の役での加藤清正ら武断派との対立、また築

府内城空撮（大分市提供）
本丸・二の丸曲輪の東の丸が大分城址公園となっている。

●築城年／慶長２年（1597）　●築城主／福原直高　●所在地／大分県大分市荷揚町
●交　通／JR 日豊本線大分駅下車。バス大分市役所合同新聞前下車徒歩２分

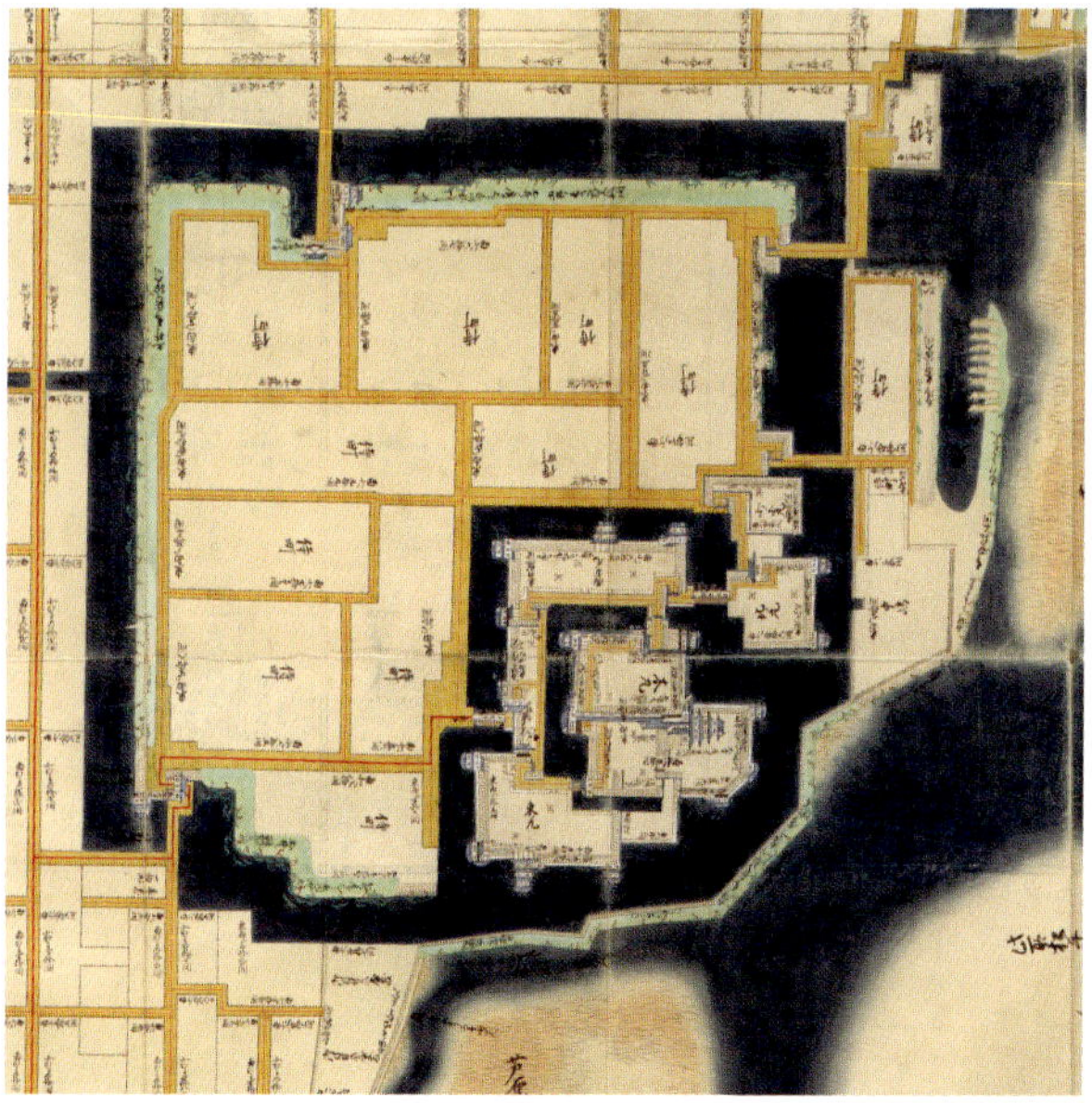

「豊後府内城之絵図」（国立公文書館蔵）
正保年間（1644～48）に作成された絵図。

府内城四重天守ＣＧ復元（大分市提供）
天守は外観四重の層塔型天守である。最上階は高欄付きの廻縁で格式のある華頭窓を設けている。

西丸西南隅櫓（大分県提供）
西南隅櫓は二重二階・地下一階で各階に鉄砲狭間を設け、櫓隅に石落しを備えている。戦災で焼失していたが昭和41年に復元された。

府内城鳥瞰ＣＧ復元（大分市提供）
現風景に府内城主郭を再現している。

城に際しての領民への過酷な労役の強要等を理由に、徳川家康によって府内から臼杵六万石に転封。こうして福原氏の府内城在城は二年ほどで終わる。

■竹中氏による徹底的大改修

その後は一時早川氏を経て、戦国の名軍師竹中半兵衛の類縁に連なる竹中重利が同六年に入封し、大改修を実施する。徹底的な大改修で、望楼型の四重天守を層塔型に改変したともいわれ、城域の櫓群（二五基もの多さだったという）、土塀などが築かれたとされる。城の名称も福原氏時代の、地名をとった「荷揚城」（以前は「荷落」）を「府内城」と改めた。大給松平氏が万治元年（一六五八）入封し、寛保三年（一七四三）、城下の大火によって、天守以下、多くの建物を焼失。この後天守は再建されることはなく、以後江戸期を過ごして維新を迎える。

明治の廃城令によって、堀は埋め立てられ、本丸、東の丸、西の丸以外は破却。着到櫓などの数少ない遺構も、第二次世界大戦での空襲によって焼失してしまった。現在まで残るものは野面積の天守台、宗門櫓と人質櫓、そしてこれに接した土塀のみだが、近年、本丸、東の丸、西の丸の櫓門などが続々と再建されている。

（服部　崇）

●CG復元について／この府内城CGは大分大学付属図書館蔵の「府内城正保絵図」と熊本大学北野研究室（北野隆教授）の復元図面をもとに制作された。

■監修者紹介

三浦正幸（みうら　まさゆき）
昭和29年（1954）名古屋市の生まれ。東京大学工学部建築学科卒業、工学博士・一級建築士、広島大学名誉教授。専門は日本建築史および文化財学。天守や城郭建築の復元的研究、社寺建築の調査研究などを行う。諏訪原城・名古屋城・岡山城・赤穂城・津和野城・松山城・河後森城・宇和島城・能島城などの国史跡整備委員会委員を兼任。著書に『城の鑑賞基礎知識』（至文堂、1999年）、『城のつくり方図典』（小学館、2005年）、『神社の本殿』（吉川弘文館、2013年）、『ハンドブック幕末日本の城』（山川出版社、2018）など多数。岡崎城東隅櫓・浜松城天守門・高根城井楼ほか・吉川元春館跡台所などの復元建築を設計。

■執筆者紹介

三浦正幸（広島大学名誉教授）
鈴木慎一（大分県立芸術文化短期大学教授）
片岡英己（元奈良産業大学情報学部専任講師）
服部　崇（歴史研究家・歴史小説家）
吉谷順一（城郭研究家・近世城郭研究会）
北野康治（城郭研究家・近世城郭研究会）

■装丁

グラフ（新保恵一郎）

■編集協力

株式会社リゲル社・中本勝教・道倉健二郎・美濃部苑子・小野寺由紀子・古藤祐介

復元《ふくげん》**CG**《シージー》　**日本**《にほん》**の城**《しろ》

2019年1月10日　第1版第1刷印刷　2019年1月15日　第1版第1刷発行

監　修　三浦正幸《みうらまさゆき》
発行者　野澤伸平
発行所　株式会社 山川出版社
〒101-0047　東京都千代田区内神田1-13-13
電話　03(3293)8131(営業)　03(3293)1802(編集)
https://www.yamakawa.co.jp/
振替　00120-9-43993
企画・編集　山川図書出版株式会社
印刷所　半七写真印刷工業株式会社
製本所　牧製本印刷株式会社

　ISBN 978-4-634-15143-7